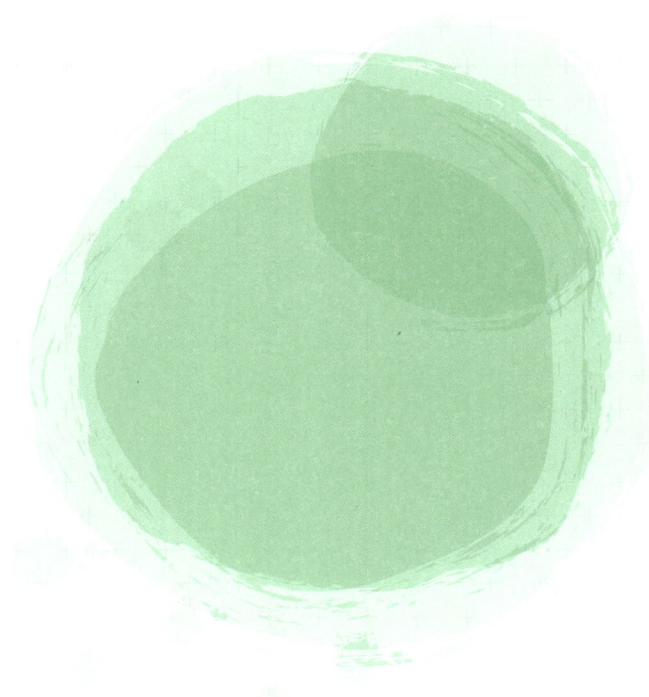

읽기・쓰기・단어와 함께 배우는 단기완성

中国語
简体字

◈ 중국어 간체자와 1200단어 익히기 ◈

읽기·쓰기·단어와 함께 배우는
단기완성
중국어 간체자

2017년 7월 31일 초판 3쇄발행
편저자 · 王南喬·정윤
발행인 · 우 제 군
발행처 · 예성출판사
주   소 · 서울시 중구 을지로41길 24번지 (을지로6가 18-55)
전   화 · 02) 2267-8739 · 2272-9646 · 2266-9153
팩   스 · 02) 2269-3393
등   록 · 1979. 11. 22 , 제2-213

값 7,000원

ISBN 978-89-7388-183-3

* 이 책의 내용을 복사·전재할 수 없습니다.

추천의 글

  이제 한중간의 인적, 물적 교류는 단순한 수치를 떠나 날로 발전된 모습을 보이면서 보다 이웃한 나라로 성큼 다가와 있습니다. 이러한 양국간의 흐름에 가장 먼저 떠오르는 것은 무엇보다도 격의 없이 서로가 자연스럽게 의사를 주고받는 언어일 것입니다.

  물론 모든 외국어가 다 그러하듯이 중국어를 배우는데도 결코 왕도란 있을 수가 없습니다. 그러기에 이미 사용해오면서 익숙해져 있는 번체자(繁体字 판티쯔)와 함께 일상생활이나 중국어를 공부하는데 사용빈도가 높은 간체자(简体字 진티쯔)로 된 좋은 교재를 선택하여 날마다 일정한 분량을 정해놓고 열심히 읽고 바른 필순에 따라 반복해 쓰면서 그에 따른 단어를 함께 배우는 길 외엔 그 어떤 방법도 없습니다.

  특히 단기완성에 맞추면서 간체자 중심으로 엄선 수록된 이 교재는 이러한 중국어를 최단기간 내에 보다 쉽게 배우고 익히는데 많은 도움이 될 것으로 사료되어 '왕 난 차오'의 본 도서를 추천합니다.

2010. 1. 11

中國作家協會全國委員
中國吉林省延邊作家協會副主席

일러두기

● 성조(声调, shēng diào 성댜오)

중국어는 우리말과 달리 각 음절(音節)마다 표시하는 네 가지 성조(4성)가 있는데 ―阴(陰)平(음평, yīng píng 인핑)·阳(陽)平(양평, yáng píng 양핑)·上声(상성, shàng shēng 상셩)·去声(거성, qù shēng 취셩)― 다음과 같이 음은 같지만 성조에 따라 서로 다른 뜻을 나타내며 표기시 성조 부호는 각 음절의 주요 모음 위에 표시한다. 그리고 경성(예: 謝謝 xiè xie)은 성조 기호를 표시하지 않고 발음할 때도 짧고 가볍게 한다.

呼	숨내쉴 호	hū ← 제1성	숨을 내쉬다. 호흡.
湖	호수 호	hú ← 제2성	호수.
虎	범 호	hǔ ← 제3성	범. 호랑이.
互	서로 호	hù ← 제4성	서로. 함께.

4성(四声, sì shēng 쓰셩)

제1성(ˉ): 높은음에서 시작하여 같은 높이의 음으로 고르게 평행을 이루며 발음하면서 끝부분은 조금 힘을 가하여 마치는 성조이다.

佳	아름다울 가	jiā	아름답다. 좋다.
兵	군사 병	bīng	군사. 병사. 병기.
江	물이름 강	jiāng	강. 큰 내.
方案	방법 방/ 문서 안	fāng'àn	방안. 설계도.

※ 'fāng'àn'에서와 같이 '—n' 또는 '—ng'로 끝나고 뒤의 음절이 모음일 때는 두 음절 사이에 ' ' '로 표시한다.

제2성(ˊ): 중저음에서부터 높은음을 향해 순간적으로 숨을 끌어올리는 성조이다.

猿	원숭이 원	yuán	원숭이.
狐	여우 호	hú	여우.
爷爷(爺)	아비 야	yé·ye	조부님. 어른의 존칭.
答案	대답할 답/ 문서 안	dá'àn	답안. 해답.

※ 1) 'yé·ye'와 같이 두 음절이 모두 제2성일 때는 뒤의 'ye' 음절은 표시하지 않고 소리의 높낮이와 상관없이 짧고 가벼운 경성(轻声, qīng shēng)으로 발음한다.
2) 'dá'àn'와 같이 a, o, e로 시작하는 음절이 다른 음절 뒤에 이어질 때는 두 음절 구분을 명확히 하기 위하여 두 모음 사이에 ' ' ' 로 표시한다.

제3성 (ˇ) : 중저음에서부터 낮은음 쪽으로 음을 떨어뜨렸다가 다시 중저음을 향해 꾸밈없이 끌어올리는 성조이다.

手	손 수	shǒu	손.
海	바다 해	hǎi	바다. 큰 호수.
饮(飮)	마실 음	yǐn	마시다.
可否	옳을 가/ 아닐 부	kě fǒu	가부. 옳고 그름.

※ 'kě fǒu'와 같이 제3성이 두 개 겹칠 경우에는 앞 음절의 제3성 'kě'는 제2성(ké)으로 변화된 조성에 의해 'ké fǒu'로 변조된 발음을 한다. 단 성조의 표시는 제3성(ˇ)을 그대로 쓴다.

제4성(ˋ) : 높은음에서 제일 낮은음으로 한순간에 음을 떨어뜨리면서 짧게 끝마치는 성조이다.

册	책 책	cè	책. 책자.
亥	돼지 해	hài	돼지. 열두째 지지.
兔	토끼 토	tù	토끼.
不必	아닐 불/ 반드시 필	bùbì	~할 필요가 없다.

※ 1) 'hài'와 같이 두 개 이상의 모음에서는 주요 모음 'a, e, o'에 표시한다.
2) 'bùbì'와 같이 제4성 'bù'가 제4성 자(字) 'bì'로 소리나는 글자 앞에서는 원래의 성조 'bù'로 발음하지 않고 제2성 'bú'로 변화된 발음으로 읽는다. 그리고 성조표시도 제2성으로 바꾸어 'búbì'로 한다. 단, 1·2·3성 앞에서는 제4성으로 소리낸다.

⊙ **표제자**(标题字, biāo tí zì 뱌오 티 쯔)**에 대하여**

표제자의 새김(訓)과 어휘는 일상생활에서 가장 사용빈도가 높은 대표새김을 넣고 부분적으로는 표제자의 이해를 폭넓게 다루기 위하여 대표새김에 국한시킨 경우도 있다. 또 표제자의 배열은 로마자 순으로 따랐으나 표제자를 익히는데 좀더 도움을 주기 위하여 순서에 변화를 준 부분도 있다.

읽기 · 쓰기 · 단어와 함께 배우는
단기완성

중국어 간체자

10 爱 [愛] 사랑 애 ài 아이

사랑(하다). 좋아하다.
爱好　àihào　애호하다. 취미. 기호.
爱人　àirén　부인. 남편. 애인. cf.(경성발음 ài·ren).

一 ⺜ ⺤ 严 ㇴ 爱 爱

14 暧 [曖] 흐릴 애 ài 아이

어두컴컴하다. 희미하다. 애매하다.
暧暧　ài'ài　어둡다. 어두컴컴하다.
暧昧　àimèi　애매모호하다. 미심쩍다.

丨 冂 日 日⺈ 日⺈ 日⺨ 日⺨ 暧

6 安 편안할 안 ān 안

편안하다. 안정되다. 안전하다.
安乐　ānlè　안락하다.
安全　ānquán　안전(하다).

丶 宀 宁 安 安

10 案 책상·생각할 안 àn 안

책상. 안석. 문서.
书案　shū'àn　장방형의 책상. 문서. 공문.
草案　cǎo'àn　초안. 원안.

丶 宀 安 案

13 暗 어두울 암 àn 안

어둡다. 캄캄하다. 비밀리에.
暗暗　àn'àn　은근히. 슬며시. 암암리에.
暗号　ànhào　암호. 사인(sign).

丨 冂 日 日⺈ 日⺈ 日⺨ 暗

B

7 把 잡을 파 bǎ 바

쥐다. 잡다. 지키다. 파수보다.
把门　bǎmén　문(집)을 지키다. 골문을 지키다.
把握　bǎwò　쥐다. 손으로 잡다. 파악하다.

一　𠃌　扌　扌丶　扌𠃌　扌巴　把

10 罢 [罷] 파할 파 bà 바

그만두다. 중지하다. 파면하다. 면직하다.
罢免　bàmiǎn　파면하다. 면직시키다.
罢手　bàshǒu　일손을 떼다. 일을 중지하다.

丨　冖　罒　罒　罒　罢　罢

13 摆 [擺] 헤칠 파 bǎi 바이

벌여 놓다. 배열하다. 털어 없애다.
摆列　bǎiliè　진열하다. 배열하다.
摆脱　bǎituō　떨쳐버리다. 벗어나다.

一　𠃌　扌　扩　扌冂　扌罒　扌罒　捍　摆　摆

4 办 [辦] 힘쓸 판 bàn 반

처리하다. 다루다.
办公室　bàngōngshì　사무실. 오피스(office). (=办事室).
办理　bànlǐ　일을 처리하다. 해결하다.

𠃌　力　办　办

9 帮 [幫] 도울 방 bāng 방

돕다. 거들어 주다.
帮忙　bāngmáng　일을 돕다. 일을 거들어 주다.
帮助　bāngzhù　도와주다. 보좌하다. 원조하다.

三　丰　丰　邦　帮　帮

饱
8 [飽] 배부를 포 bǎo 바오

배부르다. 옹골차다
饱满 bǎomǎn 포만하다. 옹골지다.
吃饱 chībǎo 배불리 먹다.

勹 饣 饣 饣 饣 饱

宝
8 [寶] 보배 보 bǎo 바오

보물. 보배.
宝贝 bǎobèi 보배. 보물.
宝石 bǎoshí 보석.

丶 宀 宀 宀 宇 宝 宝

报
7 [報] 갚을 보 bào 바오

보답(사례)하다. 알리다. 보고하다. 신문.
报恩 bàoēn 은혜를 갚다. 보은하다(=报德). 보답하다.
报纸 bàozhǐ 신문. 신문 용지(=门报纸).

十 扌 扌 扌 报 报

备
8 [備] 갖출 비 bèi 베이

갖추다. 준비하다. 설비하다. 마련하다.
设备 shèbèi 설비하다. 갖추다.
准备 zhǔnbèi 준비하다.

丿 夂 夂 各 备 备 备

北
5 북녘 북 běi 베이

북. 북녘. 북쪽 방면.
北京 Běijīng 북경. 베이징.
北京人 Běijīngrén 북경 사람.

丨 十 寸 扌 北

B

5 白 (흰 백, bái, 바이)
흰색. 백색.
白发 báifà 백발. 센머리. 흰 머리털.
洁白 jiébái 결백하다. 새하얗다.

' 亻 白 白

6 百 (백 백, bái, 바이)
백. 많은 수. 전혀
百倍 bǎibèi 백배하다.
百分 bǎifēn 백분. 퍼센트.

一 丆 百 百 百

7 杯 (잔 배, bēi, 베이)
잔. 트로피(trophy).
酒杯 jiǔbēi 술잔.
銀杯 yínbēi 은배. 은잔.

十 木 朾 杯 杯

9 背 (등 배, bèi, 베이)
등. 뒷면.
擦背 cābèi 등을 씻다. 때를 밀다.
手背 shǒubèi 손등.

丨 十 彐 北 北 背

10 倍 (곱 배, bèi, 베이)
곱절. 갑절
倍数 bèishù 배수.
倍增 bèizēng 배증하다. 갑절로 늘다.

丿 亻 亻 俨 倅 倍

4 贝 [貝] 조개 패 bèi 베이

조개. 보물. 보배.
贝类 bèilèi 패류. 조개류.
宝贝 bǎobèi 보배. 보물. 유아의 애칭.

丨 冂 贝 贝

10 笔 [筆] 붓 필 bǐ 비

붓. 필기구. 글을 짓다.
毛笔 máobǐ 붓. 모필.
笔者 bǐzhě 필자.

⺮ 竹 笙 笔

6 闭 [閉] 닫을 폐 bì 비

닫다. 다물다. 끝내다.
闭幕 bìmù 폐막(하다).
闭业 bìyè 폐업하다. 파산하다.(倒dǎo闭).

丶 亠 门 闩 闭 闭

4 币 [幣] 돈 폐 bì 비

화폐.
币值 bìzhí 화폐 가치.
钱币 qiánbì 돈. 화폐.(=货huò币).

一 丆 帀 币

6 毕 [畢] 마칠 필 bì 비

마치다. 완성하다. 졸업하다.
毕竟 bìjìng 드디어. 마침내. 결국에는.
毕业 bìyè 업을 마치다. 졸업(하다)(=卒zú业).

一 卜 比 比 毕

B

5 边 [邊] 가 변 biān 볜

가장자리. 주위. ~쪽.
边境　biānjìng　변경. 국경 지대. 변방(=边域yù).
身边　shēnbiān　신변. 몸.

フ 力 カ 边 边

12 编 [編] 엮을 편 biān 볜

엮다. 짜다. 편집하다. 편성하다.
编辑　biānjí　편집(하다). 편찬(하다).
编组　biānzǔ　편성하다.

纟 纟 纟 纟 纩 纩 纩 绢 绢 编

8 变 [變] 변할 변 biàn 볜

변화하다. 바뀌다.
变化　biànhuà　변화(하다). 바뀌다. 달라지다.
变形　biànxíng　변하다. 변형(하다).

丶 亠 亣 亦 亦 変 变

9 标 [標] 표 표 biāo 뱌오

기호. 표지.
标记　biāojì　표기. 기호. 표지(=记号háo).
商标　shāngbiāo　상표.

十 木 朾 朾 标 标

7 兵 군사 병 bīng 빙

군인. 병사. 병기.
兵力　bīnglì　병력.
兵器　bīngqì　무기. 병기.

一 厂 匚 乒 乒 兵

6 并 [幷] 아우를 병 bìng 빙

합치다. 통합하다. 그리고.
并存 bìngcún 병존하다. 함께 존재하다.
并且 bìngqiě 그리고. 또한.

丷 䒑 羊 并

7 补 [補] 더할 보 bǔ 부

보충하다. 메우다. 때우다.
补充 bǔchōng (보충)하다. 보태어 채우다.
补票 bǔpiào 표를 다시 사다.

丶 ㇇ 礻 礻 衤 补

10 捕 잡을 포 bǔ 부

붙잡다. 체포하다.
捕获 bǔhuò 붙잡다. 포획하다. 체포하다.
捕捉 bǔzhuō 잡다. 포착하다.

十 扌 扩 打 捁 捕 捕

7 步 걸음 보 bù 부

걸음. 보폭. 단계. 상태.
步行 bùxíng 보행하다. 걸어가다.
地步 dìbù 상태. 형편. 처지.

丨 卜 止 歨 牛 歨 步

10 部 떼 부 bù 부

떼. 부대. 분류.
部队 bùduì 부대. 군대.
部署 bùshǔ 배치(하다). 안배(하다).

亠 立 立 咅 咅阝 部

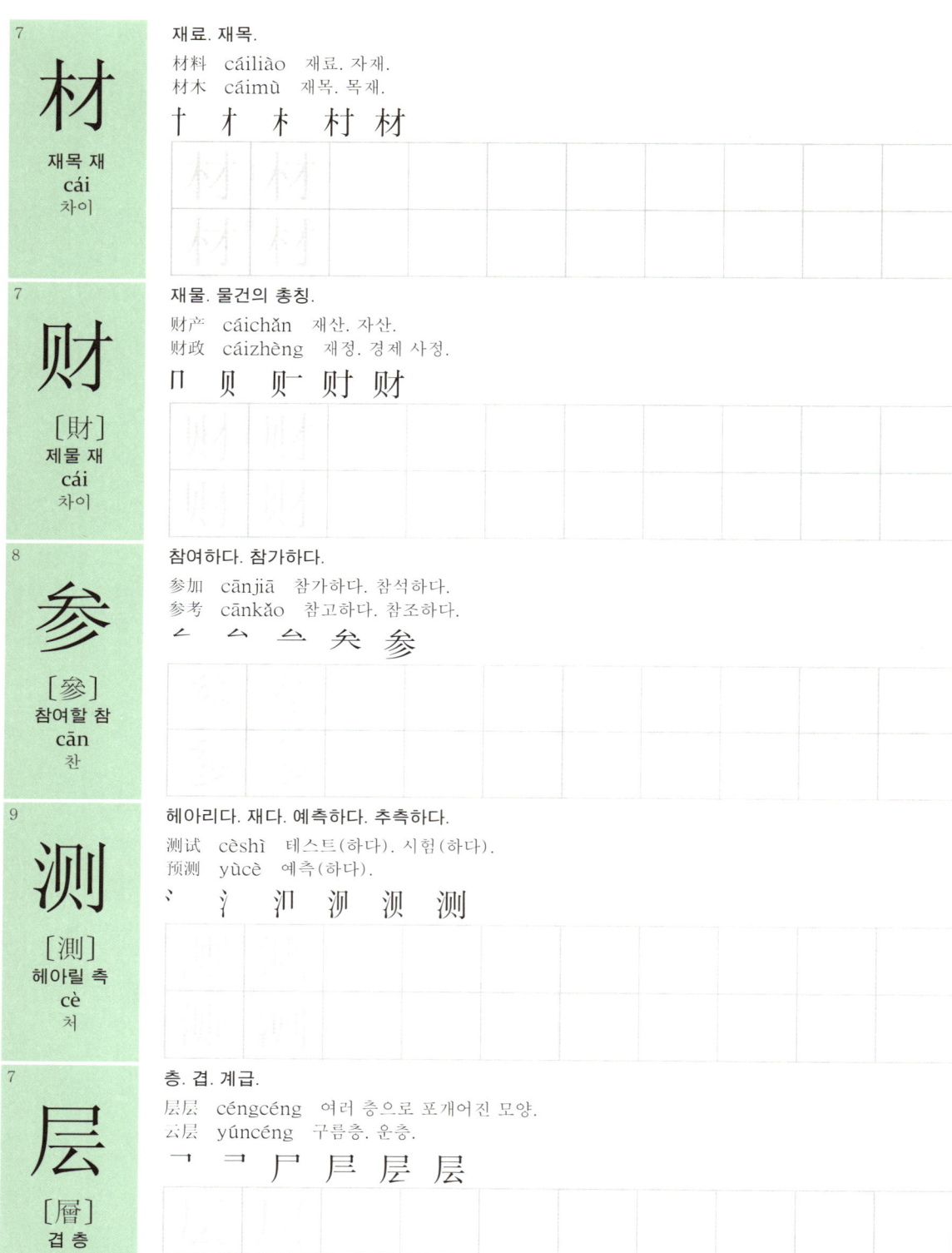

C

4 车 [車] 수레 차 chē 처

차. 수레.
火车　huǒchē　기차.
自行车　zìxíngchē　자전거.
一　𠂉　左　车

7 陈 [陳] 베풀 진 chén 천

늘어놓다. 진열하다. 오래되다. 낡다.
陈旧　chénjiù　낡다. 오래되다. 케케묵다.
陈列　chénliè　전시하다. 진열하다.
了　阝　阝　阵　阵　陈

9 城 [城] 재 성 chéng 성

성(벽). 성안. 도시.
城墙　chéngqiáng　성벽.
城乡　chéngxiāng　도시와 농촌.
十　土　圹　圹　圻　城　城　城

6 冲 [衝] 찌를 충 chōng 충

충돌하다. 부딪치다.
冲击　chōngjī　충격. 부딪치다.
冲突　chōngtū　충돌(하다).
丶　冫　冲　冲　冲　冲

6 虫 [蟲] 벌레 충 chóng 충

벌레. 곤충.
虫子　chóngzi　벌레. cf.(경성발음 chóng·zi).
昆虫　kūnchóng　곤충.
丨　口　中　虫　虫

C

处 [處] 곳 처 chǔ 추 (5)

장소. 살다. 거주하다.
处理 chǔlǐ 처리하다. 해결하다. 안배하다.
相处 xiāngchǔ 함께 지내다. 함께 살다.

丿 ク 夂 处 处

触 [觸] 닿을 촉 chù 추 (13)

접촉하다. 닿다. 부딪치다.
触电 chùdiàn 감전(되다).
接触 jiēchù 접촉하다. 닿다.

丿 ⺈ ⺈ 角 角 舟 触 触

除 나눌 제 chú 추 (9)

제외하다. 없애다. 제거하다. 나누다.
除非 chúfēi 오직 ~해야 한다.
除尘器 chúchénqì 진공 청소기. (=清qīng洁jié器).

㇇ 阝 阝⺀ 除 除 除

传 [傳] 전할 전 chuán 촨 (6)

전하다. 전염되다. 전수하다.
传染 chuánrǎn 전염하다. 옮다.
传统 chuántǒng 전통.

亻 仁 传 传

创 [創] 비롯할 창 chuàng 촹 (6)

시작하다. 창조하다. 발명하다.
创刊 chuàngkān 창간하다.
创立 chuànglì 창립하다.

人 夕 仓 创

C

7 词 [詞] 말 사 cí

낱말. 단어. 말.
词典　cídiǎn　사전.
生词　shēngcí　새 낱말. 새로 나온 단어.

丶　冫　讠　订　词　词

6 此 이 차 cǐ

이. 이것. 이 곳.
此后　cǐhòu　이후. 금후.(＝自zì今以后).
此外　cǐwài　이 외에. 이 밖에.

丨　卜　卝　止　此′　此

6 次 차례 차 cì

차례. 순서. 다음의. 두 번째의.
次日　cìrì　다음날. 이튿날. 익일.
次要　cìyào　이차적인. 부차적인. 두 번째로 중요한.

丶　冫　产　次　次　次

15 聪 [聰] 귀밝을 총 cōng

총명하다. 귀가 밝다. 영리하다.
聪敏　cōngmǐn　똑똑하다. 영리하다.
聪明　cōngmíng　총명하다. 영민하다. cf.(경성발음 cōng·ming).

一　厂　F　F　耳　耳′　耶　耶　聪　聪

4 从 [從] 좇을 종 cóng

좇다. 따르다. 순종하다.
从来　cónglái　지금까지. 현재까지. 여태껏.
从前　cóngqián　종전. 이전.

丿　人　从

7 村
마을 촌
cūn
춘

마을. 동네. 시골. 촌락.
村夫　cūnfū　촌사람(촌놈).
农村　nóngcūn　농촌.

一 十 十 木 村 村 村

6 存
있을 존
cún
춘

있다. 존재하다. 잔존하다.
存亡　cúnwáng　존망. 생존과 죽음.
存在　cúnzài　존재(하다). 현존(하다).

一 ナ オ 在 存 存

3 寸
마디 촌
cùn
춘

촌. 치(1척(尺)의 10분의 1 ; 열 치가 한 자). 매우 짧은.
寸步　cùnbù　촌보. 약간의 걸음.
寸阴　cùnyīn　촌음. 아주 짧은 시간.

一 十 寸

11 措
놓을 조
cuò
춰

놓아두다. 배치하다. 처리하다.
措辞　cuòcí　어휘를 배치하다. (=措词cí).
措置　cuòzhì　처리(하다). 안치(安置)하다

扌 扌 扩 扌 措 措

13 错
[錯]
어긋날 착
cuò
춰

틀리다. 착오. 뒤섞이다. 실패.
错过　cuòguò　놓치다. 과실. 실책.
错误　cuòwù　잘못. 실수.

ノ 乍 钅 钅 钅 钅 错

C

D

6 达 [達] 통달할 달 dá 다

통하다. 도달하다. 가 닿다.
达成 dáchéng 달성하다. 실현하다.
到达 dàodá 도달하다. 도착하다.

一 大 犬 达 达

9 带 [帶] 띠 대 dài 다이

띠. 끈. 나타내다. 타이어(tyre).
带路 dàilù 길 안내하다.
车带 chēdài 자동차 타이어.

一 艹 艹 艹 带 带

8 单 [單] 홑 단 dān 단

홑의. 하나의. 단독(으로). 단순하다.
单纯 dānchún 단순하다. 오로지.
单独 dāndú 단독(으로). 혼자서.

丶 丷 ʹʹ ʹʹ 单 单 单

8 担 [擔] 멜 담 dān 단

메다. 지다. 책임지다. 맡다. 담당하다.
担任 dānrèn 맡다. 담당하다. 담임하다.
担心 dānxīn 걱정하다. 염려하다.

十 扌 扣 担 担

9 胆 [膽] 쓸개 담 dǎn 단

쓸개. 담력. 담.
胆大 dǎndà 대담하다. 담이 크다.
胆力 dǎnlì 담력. 담보.

丿 月 肌 胆 胆

D

9 待 기다릴 대 dāi 다이

머물다. 체류하다.
留待 liúdāi 나중 일로 하다. 남겨 두다.
待住 dāizhù 머물다. 한곳에 정착하다.

丿 亻 彳 彳 彳 待 待

3 大 큰 대 dà 다

크다.
大气 dàqì 대기. 공기.
大事 dàshì 큰일. 대사.

一 ナ 大

4 丹 붉을 단 dān 단

붉은 색. 적색.
丹砂 dānshā 광석. 주사. 진사. 단사. (＝朱zhū砂).
丹枫 dānfēng 단풍. 단풍잎.

刀 刀 丹

5 代 대신할 대 dài 다이

대신하다. 대리하다.
代办 dàibàn 대행하다. 대신 처리하다.
代笔 dàibǐ 대필(하다).

亻 仁 代 代

9 贷 [貸] 빌려줄 대 dài 다이

대부금. 빌려 주다. 대출하다.
农贷 nóngdài 농업 대부금.
贷款 dàikuǎn 대부하다. 차입하다.

亻 仁 代 代 贷 贷

D

11 弹 [彈] 탄알 탄 dàn 단

탄환. 둥근 알.
弹弓 dàngōng 새총. 탄궁.
炸弹 zhàdàn 폭탄.

フ コ 弓 弓ˇ 引 弹 弹 弹

6 当 [當] 마땅할 당 dāng 당

마주 대하다. 당연히 ~해야 한다. 담당하다. ~이 되다.
当面 dāngmiàn 마주보다. 서로 맞대다.
当然 dāngrán 당연하다. 물론이다.

丨 丨 ⺌ 当 当 当

10 党 [黨] 무리 당 dǎng 당

당. 정당.
政党 zhèngdǎng 정당.
共产党 gòngchǎndǎng 공산당(=共党).

丨 丨 ⺌ 当 当 党

6 导 [導] 이끌 도 dǎo 다오

이끌다. 인도하다. 지도하다. 연출하다.
导演 dǎoyǎn 연출하다. 감독하다. 안무하다.
指导 zhǐdǎo 지도하다.

フ コ 巳 弖 寻 导

10 倒 넘어질 도 dǎo 다오

넘어지다. 자빠지다. 바꾸다. 변경시키다.
倒车 dǎochē 차를 바꿔타다. 차를 갈아타다.
倒闭 dǎobì 도산하다.

亻 亻 广 伫 伫 倅 倅 倒

24

12 **道** 길 도 dào 다오	길. 방향. 도덕. 道德　dàodé　도덕. 윤리. 道理　dàolǐ　법칙. 규율. 규칙. cf.(경성발음 dào·li). 丷 艹 兰 首 首 首 首 渞 道 道	D

| 6 **灯** [燈] 등잔 등 dēng 덩 | 등. 등불.
灯泡　dēngpào　전구.(=电diàn灯).
路灯　lùdēng　가로등.
丶 丷 火 灯 灯 |

| 10 **敌** [敵] 대적할 적 dí 디 | 대적하다. 적. 원수. 상대.
敌国　díguó　적국. 적대국.
敌手　díshǒu　적수. 맞수.
一 千 舌 舌 敌 敌 |

| 9 **帝** 임금 제 dì 디 | 임금. 황제. 군주. 하느님.
上帝　shàngdì　하느님. 상천(上天). 천제(天帝).(=上皇).
皇帝　huángdì　황제.
亠 亠 产 产 帝 帝 |

| 9 **点** [點] 점 점 diǎn 뎬 | 점. 약간. 조금. 불을 붙이다.
点火　diǎnhuǒ　점화하다. 불을 켜다(붙이다).
点心　diǎnxīn　간식. 가벼운 식사. cf.(경성발음 diǎn·xin).
丨 卜 占 点 |

D

电 [電] 번개 전 diàn 뎬 (5획)

전기.
电脑 diànnǎo 컴퓨터(computer). 전자계산기.
电影 diànyǐng 영화.

丨 冂 曰 电

顶 [頂] 정수리 정 dǐng 딩 (8획)

머리. 꼭대기.
山顶 shāndǐng 산정. 산꼭대기.
顶点 dǐngdiǎn 정점. 꼭대기. 정상.

丁 厂 顶 顶 顶

订 [訂] 바로잡을 정 dìng 딩 (4획)

정하다. 맺다. 정정하다. 주문하다.
订货 dìnghuò 물품을 주문하다.
订正 dìngzhèng 정정하다. 수정하다. 고치다.

丶 讠 订 订

定 정할 정 dìng 딩 (8획)

정하다. 고정하다. 변하지 않는.
定影 dìngyǐng 정착(定着)(하다). 응고(되다).
定理 dìnglǐ 불변의 진리. 정리.

丶 宀 宇 宇 定

东 [東] 동녘 동 dōng 둥 (5획)

동녘. 동쪽. 주인
东道 dōngdào 주인. 주인역.
东西南北 dōng xī nán běi 동서남북.

一 左 东 东 东

D

6
动
[動]
움직일 동
dòng
둥

움직이다. 행동하다.
动态　dòngtài　동태. 동작.
动物　dòngwù　동물.
二　云　云　动　动

10
都
[都]
도읍 도
dū
두

수도. 서울. 대도시.
都市　dūshì　도시. 도회. (=都会·城市).
首都　shǒudū　수도. (=国都).
一　十　土　耂　者　者　都　都

4
斗
[鬪]
싸울 투
dòu
더우

싸우다. 투쟁하다. 겨루다. 맞서다.
斗争　dòuzhēng　투쟁(하다).
战斗　zhàndòu　전투(하다).
丶　㇒　二　斗

9
度
법도 도
dù
두

법칙. 규칙. 온도. 보내다.
制度　zhìdù　제도. 규정.
度过　dùguò　지내다. 보내다.
丶　亠　广　广　庐　庐　度　度

10
读
[讀]
읽을 독
dú
두

읽다. 공부하다. 낭독하다.
读书　dúshū　독서하다. 책을 읽다. 공부하다.
朗读　lǎngdú　낭독하다.
丶　讠　讠　讠　讠　读　读

27

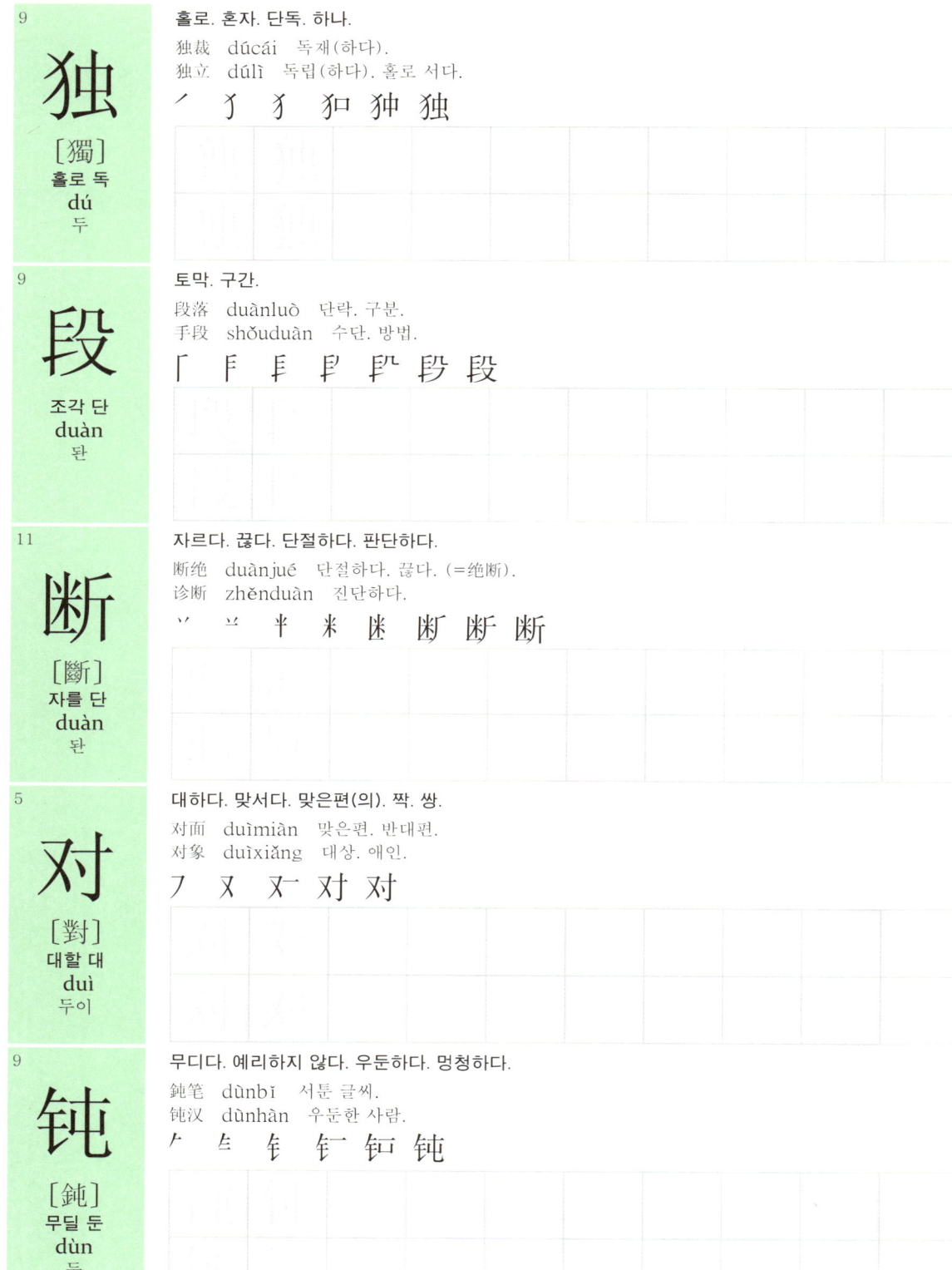

D

10
顿
[頓]
조아릴 돈
dùn
둔

조아리다. 잠시 멈추다. 즉시. 돌연히.
顿笔 dùnbǐ 쓰기를 멈추다. 잠깐 멈추다.
顿即 dúnjí 곧. 즉시.

一 ㄠ 屯 屯 顿 顿

6
多
많을 다
duō
둬

많다. 과다한.
多少 duōshǎo 많고 적음. 다소. 얼마쯤.
多余 duōyú 여분(의). 나머지(의).

丿 夕 夕 多

6
夺
[奪]
빼앗을 탈
duó
둬

빼앗다. 쟁취하다. 약탈하다.
夺得 duódé 쟁취하다. 차지하다. 이룩하다.
夺取 duóqǔ 탈취하다. 무력으로 빼앗다.

一 大 仌 夺 夺

11
堕
[墮]
떨어질 타
duò
둬

빠지다. 떨어지다. 낙하하다.
堕落 duòluò 떨어지다. 쇠락하다. 타락하다.
堕胎 duòtāi 낙태하다. 유산하다. (=落luò胎).

孑 阝 阝⁻ 阝⁺ 陏 堕

12
惰
게으를 타
duò
둬

게으르다. 태만하다.
懒惰 lǎnduò 게으르다. 나태하다.
惰性 duòxìng 타성. 관성. 오래된 버릇.

丶 忄 忄 忄 惰 惰

E

10 恶 [惡] 악할 악 è 어

악하다. 흉악하다. 미워하다.
恶感 ègǎn 나쁜 감정. 싫은 느낌.
恶梦 èmèng 악몽. 무서운 꿈.

一 丌 丌 亚 亚 严 恶 恶

10 饿 [餓] 주릴 아 è 어

굶주리다. 배고프다.
饿死 èsǐ 굶어 죽다. 굶겨 죽이다.
饿肚 èdù 배를 주리다. 배를 곯다.

ノ 亻 亻 亇 饣 饣 饿 饿

10 恩 은혜 은 ēn 언

은혜.
报恩 bào'ēn 은혜를 갚다. 보은하다. (=报德dé).
恩赐 ēncì 은혜를 베풀다. 하사(下賜)하다.

冂 因 因 恩 恩

2 儿 [兒] 아이 아 ér 얼

아이. 어린이. 유아.
儿女 érnǚ 자녀. 아들과 딸.
儿子 érzǐ 아들. cf.(경성발음 ér·zi).

丿 儿

6 而 말이을 이 ér 얼

그러나. 그런데. 그리하여.
而且 érqiě 게다가. 또한. ~뿐만 아니라.
而已 éryǐ ~지만. ~뿐.

一 丆 丙 而 而

F

5
发
[發]
필 발
fā
파

표현하다. 말하다. 발견하다. 생산하다.
发现　fāxiàn　발견(하다). 나타내다.
发行　fāxíng　발매하다. 발행하다.
一 ナ 步 发 发

10
烦
[煩]
번거로울 번
fán
판

번거롭다. 성가시다. 괴로워하다.
烦恼　fánnǎo　번뇌(하다). 걱정(하다).
麻烦　máfán　귀찮다. 성가시다. 번거롭다.
丶 火 灯 灯 烦 烦

3
凡
대강 범
fán
판

평범하다. 보통이다.
凡人　fánrén　평범한 사람. 범인. 보통 사람. 속인.
平凡　píngfán　평범하다.
丿 几 凡

7
饭
[飯]
밥 반
fàn
판

밥. 식사.
饭店　fàndiàn　호텔. 여관.
饭馆　fànguǎn　식당. 요리점.
𠂉 𠂉 饣 饣 饭 饭 饭

6
访
[訪]
찾을 방
fǎng
팡

찾다. 방문하다. 탐문하다.
访问　fǎngwèn　방문(하다). 물어서 찾다.
采访　cǎifǎng　탐방하다. 취재하다.
丶 讠 讠 访 访 访

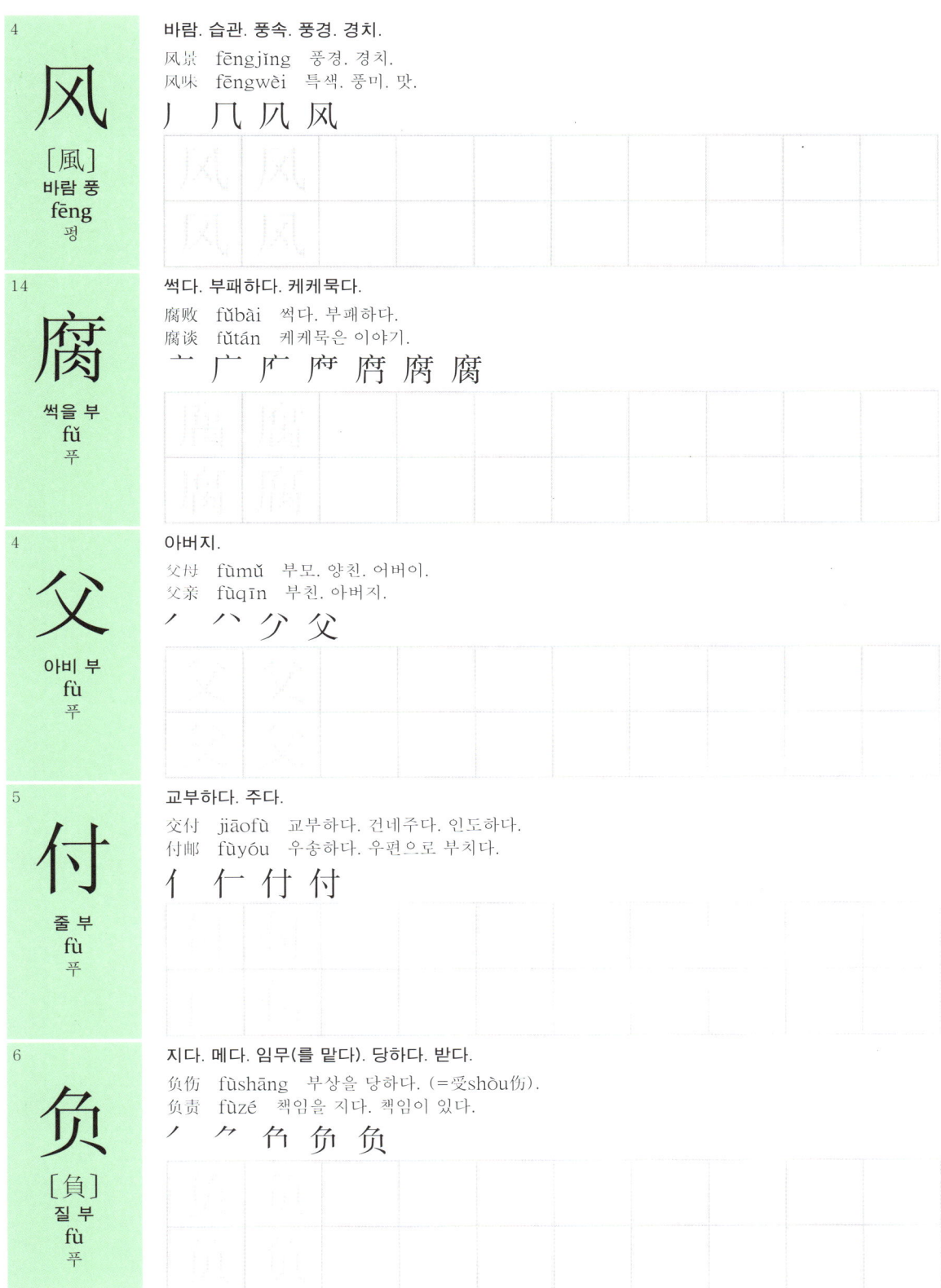

风 [風] 바람 풍 fēng 평

바람. 습관. 풍속. 풍경. 경치.
风景　fēngjǐng　풍경. 경치.
风味　fēngwèi　특색. 풍미. 맛.

丿 几 风 风

腐 썩을 부 fǔ 푸

썩다. 부패하다. 케케묵다.
腐败　fǔbài　썩다. 부패하다.
腐谈　fǔtán　케케묵은 이야기.

亠 广 广 庐 府 腐 腐

父 아비 부 fù 푸

아버지.
父母　fùmǔ　부모. 양친. 어버이.
父亲　fùqīn　부친. 아버지.

丿 ハ 父 父

付 줄 부 fù 푸

교부하다. 주다.
交付　jiāofù　교부하다. 건네주다. 인도하다.
付邮　fùyóu　우송하다. 우편으로 부치다.

亻 仁 付 付

负 [負] 질 부 fù 푸

지다. 메다. 임무(를 맡다). 당하다. 받다.
负伤　fùshāng　부상을 당하다. (=受shòu伤).
负责　fùzé　책임을 지다. 책임이 있다.

丿 ク 乡 负 负

F

6 妇 [婦] 지어미 부 fù 푸

부녀자. 아내. 여자.
妇女　fùnǚ　부녀자.
夫妇　fūfù　부부. 부처.

く 女 女 妇 妇 妇

13 腹 배 복 fù 푸

배. 가슴속. 중앙에 내민 부분.
腹案　fù'àn　계획안. 복안.
山腹　shānfù　산허리. 산복. 산중턱.

刀 月 肝 肝 胪 腹 腹

12 富 넉넉할 부 fù 푸

풍부하다. 많다. 부유하다. 재산.
富贵　fùguì　부귀(하다).
财富　cáifù　재산. 자원. 부(富).

丶 宀 宀 宁 宫 富 富 富

11 副 버금 부 fù 푸

둘째. 버금. 부.
副本　fùběn　부본. 사본.
副议长　fùyìzhǎng　부의장.

一 戸 戸 戸 畐 畐 副

12 赋 [賦] 구실 부 fù 푸

주다. 부여하다. 세금을 거두다. 징수하다.
赋课　fùkè　세금을 징수하는 것. (=赋敛liǎn).
赋役　fùyì　조세와 부역.

冂 贝 贮 贮 赋 赋 赋

G

4 公 공변될 공 gōng 궁

공공의. 공동의.
公物　gōngwù　공공물.
公款　gōngkuǎn　공금. (＝公项xiàng).

八　公　公

6 共 함께 공 gòng 궁

함께. 같이.
共生　gòngshēng　공생(하다).
共性　gòngxìng　공통의.

一　廾　共　共

5 功 공 공 gōng 궁

성과. 공훈.
用功　yànggōng　열심히 공부하다. 힘써 배우다.
成功　chénggōng　성공(하다). 완성(하다).

丁　工　功　功

3 工 장인 공 gōng 궁

일꾼. 노동자.
技工　jìgōng　기능공.
工程　gōngchéng　공정. 공사.

一　丁　工

8 供 이바지할 공 gōng 궁

공급(하다). 제공하다.
供给　gōnggiǐ　공급(하다). 급여(하다).
供养　gōngyǎng　부양하다.

亻　仁　仕　供　供

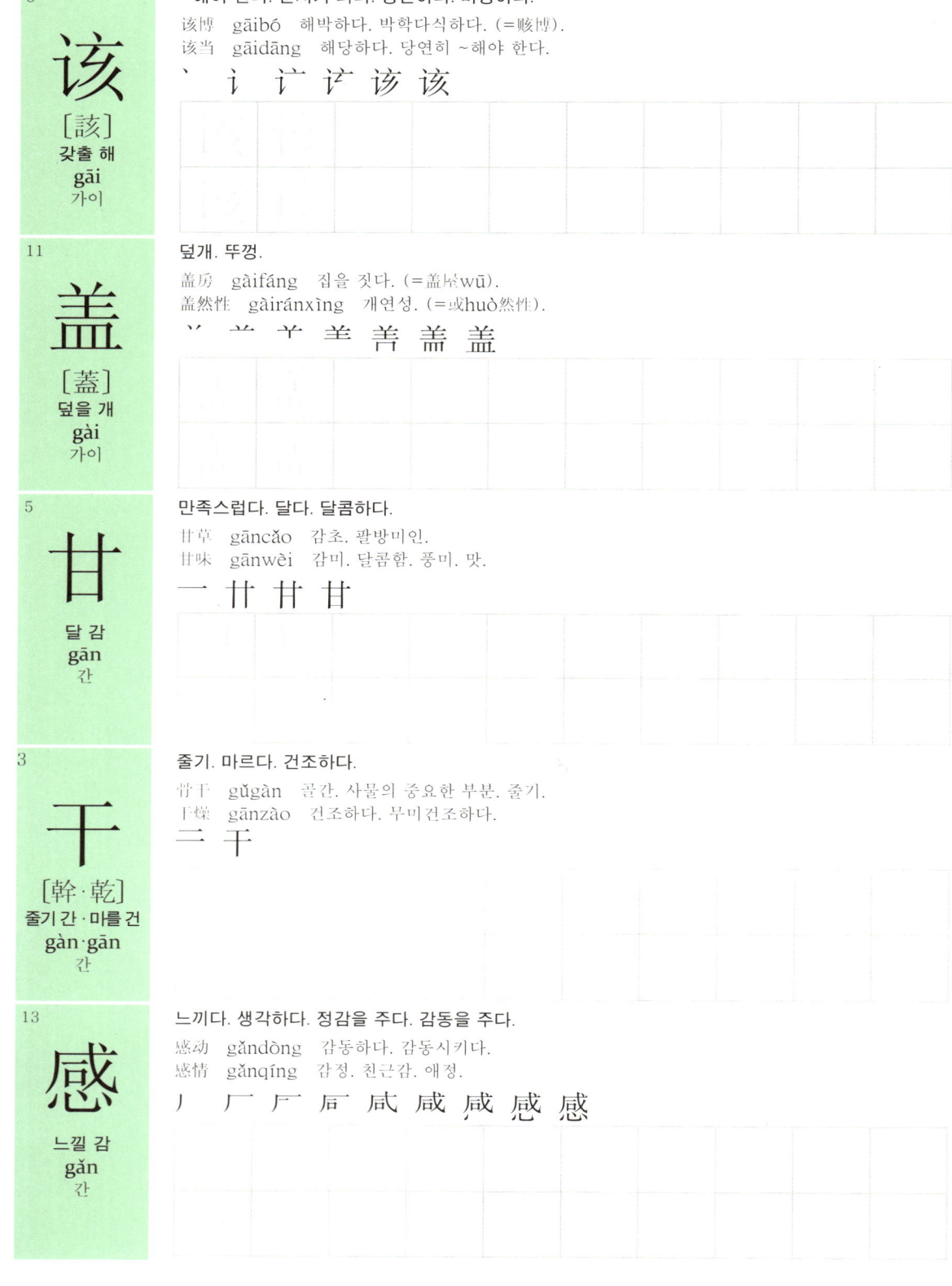

刚
[剛] 굳셀 강
gāng
강

강하다. 단단하다. 지금. 마침.
刚才 gāngcái 지금 막. 바로. 이제 금방. (=才刚).
刚硬 gāngyìng 강경하다. 강하다.

冂 刀 冈 刚

钢
[鋼] 강철 강
gāng
강

강철.
钢笔 gāngbǐ 펜.
钢铁 gāngtiě 강철. 강한. 굳은.

⺈ ⺌ 钅 钊 钢 钢

个
[個] 낱 개
gè
거

낱낱의. 단독의.
个人 gèrén 개인. 개체.
个子 gèzi 체격. 키. 몸집. cf.(경성발음 gè·zi).

个 个

各
각각 각
gè
거

여러. 각자. 각각. 갖가지.
各别 gèbié 개개(의). 각각(의). 유별나다.
各种 gèzhǒng 각종(의). 여러 가지. 각양.

丿 夂 冬 各 各

给
[給] 줄 급
gěi
게이

주다. 바치다.
给脸 gěiliǎn 체면을 세워 주다. (=给面子 miàn zi (·zi)).
给以 gěiyǐ 주다.

㇀ 乡 纟 纟⺈ 纟ㅅ 给

G

10

高
높을 고
gāo
가오

높다. 높이.
高层　gāocéng　고층의. 고위층의.
高风格　gāofēnggé　고매한 풍격.

、 亠 亠 宫 高 高

7

告
고할 고
gào
가오

말하다. 알리다. 설명하다.
原告　yuángào　원고. (=原告人rén).
告辞　gàocí　고별인사를 하다. 작별을 고하다.

丿 ㄣ 生 告 告

8

姑
시어미 고
gū
구

고모. 시누이. 시어머니.
尼姑　nígū　여승. 비구니. (=姑子·zi).
姑公　gūgōng　시부모.

ㄑ 夊 女 女 姑 姑

8

固
굳을 고
gù
구

견고하다. 튼튼하다. 굳이.
凝固　nínggù　응고하다. 굳어지다.
固辞　gùcí　굳이 사양하다. (=坚jiān辞).

冂 冃 冃 固 固

9

故
예 고
gù
구

오래된. 사고. 사건.
事故　shìgù　사고. 재화(灾祸).
故都　gùdū　고도. 옛 수도.

一 十 古 古 故

G

8 构 [構] 얽을 구 gòu 거우

얽어 짜다. 세우다. 맺다.
构成　gòuchéng　구성(하다). 형성(하다).
结构　jiégòu　구성. 구조. 짜임새.

十 木 朩 朸 构 构

10 顾 [顧] 돌아볼 고 gù 구

회고하다. 뒤돌아보다.
顾不了　gùbùliǎo　돌볼 겨를이 없다. cf.(경성발음 gù·bu liǎo).
照顾　zhàogù　보살펴주다. 돌보다.

一 厂 厂 厄 戶 顾 顾 顾

6 观 [觀] 볼 관 guān 관

보다. 구경하다.
观光　guānguāng　관광하다. 견학하다.
观众　guānzhòng　관중. 관객. (=观客kè).

フ 又 䶈 观 观

6 关 [關] 문빗장 관 guān 관

닫다. 관계하다. 문을 닫다.
关门　guānmén　문을 닫다. 폐업하다.
关系　guā·xì　관계(하다). 관련(되다). cf.(경성발음 guān·xi).

丷 䒑 关 关

8 官 벼슬 관 guān 관

관리. 벼슬아치. 관청.
官员　guānyuán　관원. 관리.
外交官　Wàijiāoguān　외교관. (=外交员uán).

丶 宀 宀 宁 宁 官

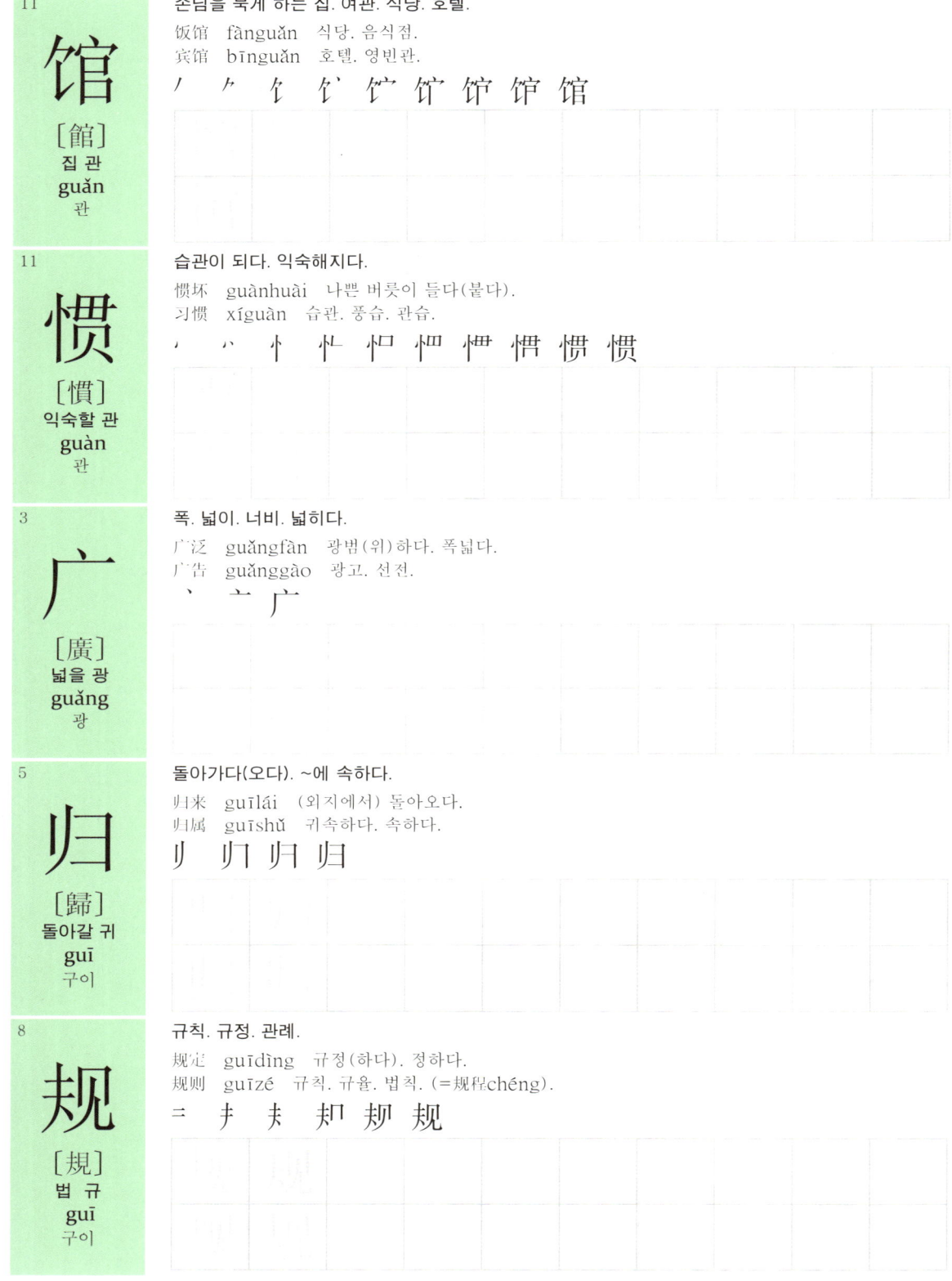

9 鬼 귀신 귀 guǐ 구이

귀신. 도깨비.
鬼魂 guǐhún 영혼. 넋. 망령.
鬼魔 guǐmó 마귀. 요괴. 도깨비.

丶 丶 宀 甶 甶 鬼 鬼

9 贵 [貴] 귀할 귀 guì 구이

귀(중)하다. 가치가 높다. 지위가 높다.
贵干 guìgàn 직업. 직무. 용무.
贵重 guìzhòng 귀중하다. 중요하다.

口 旦 虫 虫 贵 贵 贵

8 国 [國] 나라 국 guó 궈

국가. 나라.
国家 guójiā 국가. 나라.
国际裁判 guójì cáipàn 국제 심판.

冂 冂 冂 国 国 国

8 果 열매 과 guǒ 궈

열매. 과실.
果然 guǒrán 과연. 생각한대로.
苹果 píngguǒ 사과(나무).

冂 日 旦 甲 果

6 过 [過] 지날 과 guò 궈

지나가다. 건너다. 잘못.
过程 guòchéng 과정.
过失 guòshī 과실. 잘못. 실수. (=过误wù·过错cùò).

一 寸 寸 辻 过

H

9
孩
아이 해
hái
하이

어린이. 자녀. 소아.
孩子　háizǐ　아동. 아이. 자녀. cf.(경성발음 háî·zi).
小孩(儿, 子)　xiǎohái(r, zǐ)　어린아이. 애. cf.(경성발음·zi).

了　子　孑　孑　孩　孩

10
海
바다 해
hǎi
하이

바다. 큰 호수.
海岸　hǎi'àn　해안.
海边　hǎibiān　해변. 바닷가.

氵　氵　汇　海　海　海

12
韩
[韓]
한나라 한
Hán
한

한국(韩国)의 약칭. 한나라(중국 전국 7웅의 하나).
韩币　Hánbì　한국 화폐.
韩流　Hánriú　한국풍의 유행.

十　古　卓　韩　韩

5
汉
[漢]
한수 한
Hàn
한

한수. 한나라(B.C. 206 ~ A.D. 220 유방이 세운 나라). 한족(漢族zí).
汉语　Hànyǔ　한어. 중국어.
汉字　Hànzì　한자. 중국 문자.

丶　氵　汊　汉

5
号
[號]
이름 호
hào
하오

번호. 명칭. 이름.
号码　hàomǎ　번호. 숫자.
国号　guóhào　국호.

丨　口　号　号

6

红

[紅]
붉을 홍
hóng
홍

붉다. 다홍. 주홍.
红色　hóngsè　붉은 색. 빨강. 적색. (=红颜yán色).
红叶　hóngyè　단풍잎. 홍엽.

乙 幺 纟 纟 红 红

6

后

[後]
뒤 후
hòu
허우

뒤. 나중. 후. 다음.
后来　hòulái　그후. 나중에. 그 다음에.
后悔　hòuhuǐ　후회(하다).

厂 厂 后

10

候

철 후
hòu
허우

계절. 기후. 기다리다. 안부를 묻다.
气候　qìhòu　기후. 계절. 철. 때.
问候　wènhòu　안부를 묻다. 문안드리다. (=望wàng候).

亻 亻 亻 伫 伫 伫 候

7

护

[護]
지킬 호
hù
후

보호하다. 지키다. 수호하다.
保护　bǎohù　보호(하다).
护士　hùshì　간호사. cf.(경성발음 hù·shi).

一 扌 扌 扩 护

6

划

[劃]
그을 획
huá
화

자르다. 나누다. 쪼개다.
划开　huákāi　쪼개다. 자르다. 끊다.
划破　huápò　그어 찢다. 베다.

一 弋 戈 戈 划

6	华 [華] 빛날 화 huá 화	화려하다. 찬란하다. 호화롭다. 빛나다. 华侨 huáqiáo 화교(외국 거주 중국인). 豪华 háohuá 호화롭다. 사치스럽다. 亻 亻 化 华
8	画 [畫] 그림 화 huà 화	그림. 그리다. 画画 huàhuà 그림을 그리다. 画家 huàjiā 화가. (=画手shǒu·画工gōng). 一 丅 冂 田 甶 画 画
8	话 [話] 말할 화 huà 화	말하다. 이야기하다. 话题 huàtí 화제. 이야깃거리. 对话 duìhuà 대화(하다). 이야기하다. 丶 讠 讠 讦 话
7	坏 [壞] 무너뜨릴 괴 huài 화이	나쁘다. 악하다. 나쁜 생각. 고장나다. 망가지다. 坏蛋 huàidàn 악당. 나쁜 사람. 몹쓸 사람. 坏话 huàihuà 험담. 욕. 그른 말. 一 十 土 圢 坏 坏
8	环 [環] 고리 환 huán 환	고리. 두르다. 둘러(에워)싸다. 耳环 ěrhuán 귀고리. 环境 huánjìng 환경. 주위 상황(조건). 一 丅 王 玗 环

9 挥 [揮] 휘두를 휘 huī 후이

휘두르다. 지시하다. 지휘하다. 흔들다.
挥毫　huīháo　휘호하다. 붓을 휘두르다. (=振zhèn毫).
指挥　zhǐhuī　지휘(하다). 지휘자.

一 十 扌 扩 扩 挥 挥 挥

6 回 [廻] 돌 회 huí 후이

회전하다. 돌다. 회답하다.
回顾　huígù　회고하다. 돌이켜 보다.
回来　huílái　돌아오다. 되돌아오다.

冂 回 回

6 会 [會] 모을 회 huì 후이

모이다. 모으다. 집회. 조직.
会见　huìjiàn　회견(하다). 접견(하다).
社会　shèhuì　사회.

人 人 会 会

10 获 [獲] 얻을 획 huò 훠

얻다. 획득하다. 거두어들이다. 붙잡다.
获得　huòdé　획득하다. 얻다.
收获　shōuhuò　수확하다. 추수하다.

一 艹 艹 艿 莸 获 获

6 欢 [歡] 기뻐할 환 huān 환

기쁘다. 즐겁다. 흥겹다.
欢呼　huānhū　환호하다.
欢送　huānsòng　환송하다.

フ 又 欢 欢

H

H

9 活 살 활 huó 휘

살다. 생활하다. 생존하다.
生活 shēnghuó 생활(하다).
活动 huódòng 활동하다. 운동하다. 움직이다.
氵氵汗活

4 火 불 화 huǒ 휘

불, 화재.
火车 huǒchē 기차.
火灾 huǒzāi 화재.
丶丷少火

8 或 혹 혹 huò 휘

혹시. 아마. 어쩌면. 어떤 사람. 아무개.
或然 huòrán 아마. 혹시.
或人 huòrén 모인(某人). 어떤 사람.
一 𠃌 𠃌 或 或 或

8 货 [貨] 재화 화 huò 휘

돈. 화폐. 물품. 화물. 상품.
货币 huòbì 화폐. 돈. (=钱qián币).
售货 shòuhuò 상품(을 팔다). 파는 물건.
亻亻化华货

11 祸 [禍] 재앙 화 huò 휘

화. 재앙. 재난. 사고.
祸根 huògēn 화근. (=祸胎tāi).
惹祸 rěhuò 화를 일으키다(초래하다).
丶礻礻礻祸祸

J

11 基
터 기 / jī / 지

터. 기초. 토대.
地基　dìjī　집터. 건축부지. 토대.
基层　jīcéng　기층. 하부조직.

一 十 十 甘 其 其 基

8 奇
기수 기 / jī / 지

홀수(의). 단수.
奇偶　jī'ǒu　기수와 우수. 홀수와 짝수.
奇数　jīshù　홀수. 기수. (=单dān数).

一 ナ 本 杏 奇 奇

7 技
재주 기 / jì / 지

재능. 기술. 기능.
绝技　juéjì　절기. 탁월한 기예. (=绝活huó).
技革　jìgé　기술 혁신. (=技术shù革新xīn).

一 十 扌 扩 技

6 纪
[紀] 법 기 / jì / 지

기율. 질서. 법도.
风纪　fēngjì　풍기. 규율.
纪纲　jìgāng　기강. 법도.

𠃋 幺 幺 纟 纪 纪

5 记
[記] 기억할 기 / jì / 지

기억하다. 기록하다. 기재하다.
记录　jìlù　기록하다.
记牢　jìláo　명심하다. 단단히 기억하다.

丶 讠 订 记 记

J

7 鸡 [鷄] 닭 계 jī 지

닭.
鸡肉　jīròu　닭고기.
鸡蛋　jīdàn　계란. 달걀(=鸡子儿jīzǐr).

フ　又　刄′　刄ケ　双勺　鸡　鸡

6 机 [機] 기계 기 jī 지

기계. 기구. 기회. 시기.
机会　jīhuì　기회.
电视机　diànshìjī　텔레비전 수상기(=电视接jiē收shōu机).

一　十　木　朳　机

10 积 [積] 쌓을 적 jī 지

쌓다. 쌓이다. 축적하다.
积极　jījí　적극적이다. 의욕적이다.
面积　miànjī　면적. 넓이.

二　千　禾　积　积

5 击 [擊] 칠 격 jī 지

치다. 공격하다. 두드리다.
击中　jīzhòng　명중하다.
攻击　gōngjī　(공격)하다. (비난)하다.

一　二　キ　击

7 极 [極] 다할 극 jí 지

다하다. 최고의. 극도의. 매우. 아주. 절정.
极端　jíduān　극단(적인). 극도(의).
极其　jíqí　지극히. 매우.

十　木　朳　极　极

48

6

级
[級]
등급 급
jí
지

등급. 급. 학년. 계단.
年级　niánjí　학년.
级别　jíbié　등급. 직급. 순위. 구별.
　ノ　　　纟　　纟　　纠　　级　　级

12

集
모을 집
jí
지

모으다. 모이다. 수집하다. 규합하다.
集合　jíhé　집합하다. 모이다. 집결하다.
收集　shōují　수집하다. 모으다.
　イ　　亻　　仕　　隹　　隼　　集

2

几
[幾]
얼마 기
jǐ
지

거의. 몇. 얼마나.
几分　jǐfēn　약간. 얼마간. 다소.
几年　jǐnián　몇 년. 수년.
　丿　几

4

计
[計]
셈할 계
jì
지

셈하다. 계산하다. 계획하다. 헤아리다.
计划　jìhuà　계획(하다).
计算　jìsuàn　계산(하다).
　丶　讠　计　计

10

继
[繼]
이을 계
jì
지

계속하다. 이어지다. 잇다.
继承　jìchéng　계승하다. 이어받다. 물려받다.
继母　jìmǔ　의붓어머니. 계모. (=如rú母·续xù母).
　ノ　纟　纟　纟'　纟''　纟丬　纟米　继

佳
아름다울 가
jiā
자

8

아름답다. 좋다.
佳节　jiājié　좋은 계절. 명절.
佳味　jiāwèi　좋은 맛. 가미.

亻 亻 仁 仹 佳

加
더할 가
jiā
자

5

더하다. 증가하다. 첨가하다.
加大　jiādà　확대하다. 늘리다.
加工　jiāgōng　가공하다.

フ 力 加

家
집 가
jiā
자

10

집. 집안. 가정.
搬家　bānjiā　이사하다.
家财　jiācái　가재. 집 재단. 가산. (=家产).

宀 宀 宀 宇 家 家 家

架
시렁 가
jià
자

9

선반. 시렁. 틀. 대.
书架　shūjià　서가. 책꽂이.
搭架　tājià　틀을 세우다. 철탑.

フ 力 加 架 架

街
길 가
jiē
제

12

길. 거리. 가로(街路).
十字街　shízìjiē　십자로. 네거리.
街头　jiētóu　가두. 길거리. (=街上·shang).

彳 彳 彳 彳 街 街 街

J

7
间
[間]
사이 간
jiān
젠

틈. 사이. 중간. 방. 실.
房间　fángjiān　방.
期间　qījiān　기간.
丶 冂 门 间

13
简
[簡]
대쪽 간
jiǎn
젠

간단하다. 단순하다. 간소화하다.
简单　jiǎndān　간단하다. 단순하다. 용이하다.
简直　jiǎnzhí　전혀. 아예. 완전히.
⺮ 竹 符 符 符 简 简

10
监
[監]
볼 감
jiān
젠

감시하다. 보다. 감독하다.
监视　jiānshì　감시하다.
监督　jiāndū　감독하다.
丨 ⺊ ⺊ ⺊ 监 监

4
见
[見]
볼 견
jiàn
젠

보(이)다. 접견하다. 나타나다.
见好　jiànhǎo　호전되다. 나아가다.
见面　jiànmiàn　대면하다. 만나다.
丨 冂 见

7
坚
[堅]
굳을 견
jiān
젠

견고하다. 굳다. 확고하다.
坚固　jiāngù　견고하다. 튼튼하다.
坚强　jiānqiáng　굳세다. 강경하다.
丨 ⺊ 坚 坚 坚 坚

52

11 渐 [漸]
점점 점
jiàn · jiān
젠

점점. 차츰차츰. 번지다. 적시다.
渐变　jiànbiàn　점차적으로 변화하다.
渐染　jiānrǎn　서서히 물들다.

氵 氵 泸 泸 泸 渐 渐

9 将 [將]
장차 장
jiāng · jiàng
젠

장차. 막. 장군.
将官　jiàngguān　장군. 장성(將星).
将来　jiānglái　장래. 미래.

丶 丬 丬 扩 护 将 将

6 讲 [講]
이야기할 강
jiǎng
장

말하다. 설명하다. 이야기하다. 강의하다.
讲话　jiǎnghuà　강화. 이야기하다. 발언하다.
讲课　jiǎngkè　강의하다.

丶 讠 讠 讲

10 较 [較]
비교할 교
jiào
자오

비교하다. 겨루다. 견주다. 비교적.
比较　bǐjiào　비교하다(=较比).
较好　jiàohǎo　비교적 좋다.

一 t 车 车 轩 轩 轸 较

6 阶 [階]
섬돌 계
jiē
제

계단. 등급. 층계. 섬돌.
阶段　jiēduàn　단계. 계단.
阶级　jiējí　계급. 등급. 층계.

了 阝 阶 阶

J

5 节 [節] 마디 절 jié 제

절약하다. 마디. 기념일. 축제일.
节日　jiérì　기념일. 경축일.
节约　jiéyuē　절약하다.
一 艹 艿 节

9 结 [結] 맺을 결 jié 제

맺다. 매다. 결말을 짓다. 종결하다. 묶다.
结果　jiéguǒ　결과. 결실. 결국.
结账　jiézhàng　계산하다. 결산하다.
乙 幺 纟 纟 纣 结 结

4 介 끼일 개 jiè 제

끼(이)다. 사이에 박히다. 소개하다.
介入　jièrù　개입하다. 끼어들다.
介绍　jièshào　소개하다. 이해시키다.
人 介

4 仅 [僅] 겨우 근 jǐn 진

겨우. 근근이. 다만.
仅仅　jǐnjǐn　단지. 겨우. 다만.
不仅　bùjǐn　~만은 아니다. ~일 뿐만 아니라.
亻 仅 仅

10 紧 [緊] 팽팽할 긴 jǐn 진

팽팽하다. 절박하다. 급박하다.
紧急　jǐnjí　긴급하다. 절박하다. 긴박하다.
紧张　jǐnzhāng　긴장하다. 불안하다.
丨 ㄅ 坚 坚 紧 紧

6 尽 [盡] 다할 진 jìn 진

다하다. 다 쓰다. 다 없어지다.
尽力 jìnlì 힘을 다하다.
尽量 jìnliàng 양껏 하다. 마음껏 하다. 양을 다하다.
フ ユ 尸 尺 尽

7 进 [進] 나아갈 진 jìn 진

전진하다. 나아가다. 들어가다.
进城 jìnchéng 성안(시내)에 들어가다.
进步 jìnbù 진보적이다. 진보(하다).
二 井 丼 讲 进

7 近 [近] 가까울 근 jìn 진

가깝다. 친하다. 요 며칠. 요즈음.
近代 jìndài 근대. 근세.
近来 jìnlái 근래. 요즘(=近日rì).
厂 斤 斤 沂 近 近

8 经 [經] 지날·다스릴 경 jīng 징

경영하다. 지나다. 경과하다.
经过 jīngguò 경과하다. 지나다. 통과하다.
经营 jīngyíng 경영하다. 운영하다.
纟 纟 经 纤 经

8 京 [京] 서울 경 jīng 징

서울. 수도.
北京 Běijīng 북경. 베이징.
京剧 jīngjù 경극. 중국 주요 전통극의 하나.
亠 亠 亨 京

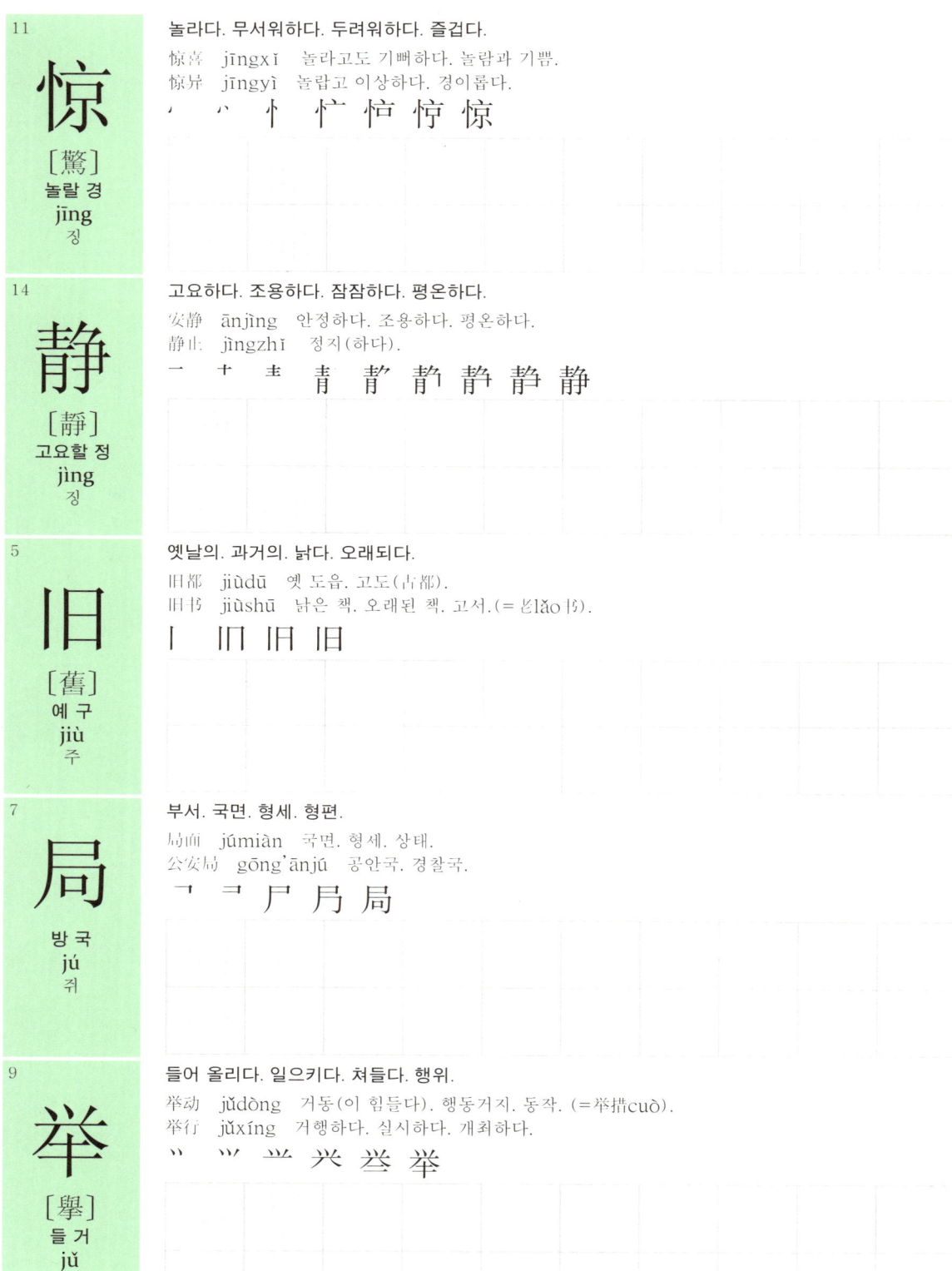

J

据 [據] 의거할 거 jù 쥐 (11)

근거하다. 점거하다. 의거하다.
根据 gēnjù 근거하다. 의거하다. 따르다.
证据 zhèngjù 증거. 근거.

一 十 扌 扌' 扌" 护 护 护 据

觉 [覺] 깨달을 각 jué 쮀 (9)

느끼다. 깨닫다. 깨우치다.
觉得 juédé 느끼다. 여기다. 생각하다. (＝觉着 jué·zhe). cf.(경성발음 jué·de).
觉醒 juéxǐng 각성(하다).

丶 丷 ⺌ 兯 兊 觉

绝 [絕] 끊을 절 jué 쮀 (9)

끊다. 단절하다.
绝对 juéduì 절대로. 완전히. 반드시.
拒绝 jùjué 거절(하다). 거부(하다).

ㄥ ㄠ 纟 纟ㄥ 纟ㄠ 纟ㄠ 绝 绝

军 [軍] 군사 군 jūn 쥔 (6)

군대.
军队 jūnduì 군대.
军龄 jūnlíng 군대 복무 햇수.

冖 冖 写 写 军

均 고를 균 jūn 쥔 (7)

고르다. 균등하다. 균일하다.
均等 jūnděng 균등하다. 고르다. 같다.
平均 píngjūn 평균하다. 고르게 하다.

一 十 土 ⼟ 圴 均 均

J

11 菌 균 균 jūn 쥔

세균. 효모균.
真菌 zhēnjūn 진균. 곰팡이.
菌丝 jūnsī 균사. 곰팡이실.

一 艹 艿 苗 莴 菌 菌

10 峻 높을 준 jùn 쥔

높고 가파르다. 험준하다. 크다.
险峻 xiǎnjùn 험준하다. (＝峻险).
峻德 jùndé 크다.

丨 山 山⸝ 屵 屸 岠 岟 峻

10 骏 [駿] 준마 준 jùn 쥔

준마(骏馬). 양마(良馬). 뛰어난 사람.
骏齿 jùnchǐ 젊은 남자의 나이를 높여 이르는 말.
骏业 jùnyè 큰 사업.

丁 马 马 马⸝ 马厶 驳 骏 骏

7 君 임금 군 jūn 쥔

임금. 군주(君主).
君临 jūnlín 군림하다. 통치하다.
君子 jūnzǐ 군자. 학식과 덕망이 높은 사람.

フ ⼀ ヨ 尹 君

9 郡 고을 군 jùn 쥔

군. 행정 구획의 하나. 고을.
郡守 jùnshǒu 군수. (＝郡将jiàng).
郡主 jùnzhǔ 군주.

フ ⼀ ヨ 尹 君 君⻏ 郡

K

4 开 [開] 열 개 kāi 카이

열다. 펴다. 피다.
开花 kāihuā 꽃이 피다.
开会 kāihuì 회의를 하다. 개회하다.

一 二 于 开

9 科 조목 과 kē 커

과정. 조목. 과목. 과.
科目 kēmù 과목. 문제.
理科 lǐkē 이과. 이학부. 자연 과학 대학.

二 千 千 禾 禾 科 科

10 课 [課] 과할 과 kè 커

과하다. 매기다. 수업. 강의
上课 shàngkè 수업(授業)하다.
课本 kèběn 교과서(教jiào科书shū).

丶 讠 沪 沪 评 评 课

7 块 [塊] 덩어리 괴 kuài 콰이

덩어리. 흙덩어리, 조각.
糖块 tángkuài 설탕 덩어리. 눈깔사탕.
一块儿 yīkuàir 같이. 함께. 같은 장소.

十 土 圡 坎 块

7 快 쾌할 쾌 kuài 콰이

빠르다. 날래다. 유쾌하다. 즐겁다.
快乐 kuàilè 즐겁다. 유쾌하다.
愉快 yúkuài 유쾌하다. 기쁘다. 기분이 좋다.

丶 丷 忄 忄 忄 快

K

10 宽 [寬] 너그러울 관 kuān 콴

넓다. 너그럽다. 여유롭다. 관대하다.
宽大　kuāndà　관대하다. 너그럽다.
宽裕　kuānyú　여유롭다. 넓고 활달하다. (=宽裕 yù).

丶 宀 宁 宵 宵 宽

7 狂 미칠 광 kuáng 쾅

미치다. 미쳐 날뛰다. 격렬하다.
发狂　fākuáng　미치다. 발광(發狂)하다. (=发疯 fēng).
狂乱　kuángluàn　광란하다. 미쳐 날뛰다.

ノ 犭 犭 犴 狂 狂

7 况 [況] 하물며 황 kuàng 쾅

하물며. 더구나. 형편. 모양. 상태.
情况　qíngkuàng　정황. 상황. 형편. (=情形·xing).
况且　kuàngqiě　하물며. 게다가. 더구나. (=抑亦 yì).

冫 冯 况

3 亏 [虧] 줄어들 휴 kuī 쿠이

줄어들다. 이지러지다. 모자라다. 다행히. 덕분에.
亏本　kuīběn　밑지다. 결손나다. (=吃 chī 亏).
幸亏　xìngkuī　다행히. 운 좋게. (=幸而 xìng'ér).

一 二 亏

6 扩 [擴] 넓힐 확 kuò 쿼

넓히다. 확대하다.
扩大　kuòdà　확대하다. 넓히다.
扩展　kuòzhǎn　확장하다. 신장하다.

一 十 扌 扩 扩

7 来 [來] 올 래 lái 라이	오다. 나타나다. 닥치다. 来历 láilì 내력. 이력. 경력. (=山yóu米). 来往 láiwǎng 내왕(하다). 오고 가다. 왕래(하다). cf.(경성발음 lái·wang). (=往来). 一 丆 兀 平 来
13 蓝 [藍] 쪽 람 lán 란	남색(의). 쪽(여귓과의 한해살이 풀). 蓝灰色 lánhuīsè 푸르스름한 잿빛. 蓝墨水 lánmòshuǐ 푸른색 잉크. 남색(의). 一 艹 艹 䒑 䒑 蓝 蓝 蓝
7 劳 [勞] 일할 로 láo 라오	일(하다). 노동(하다). 피로(하다). (힘을)쓰다. 劳动 láodòng 노동(하다). 일(하다). 疲劳 píláo 피로(해지다). 지치다. 一 艹 艹 芐 劳
5 乐 [樂] 즐거울 락 lè 러	즐겁다. 즐기다. 기쁘다. 乐观 lèguān 낙관(하다). 낙관적(이다). 快乐 kuàilè 쾌락. 즐겁다. 유쾌하다. 一 ⺈ 乐 乐
9 类 [類] 무리 류 lèi 레이	종류. 유사하다. 닮다. 같은 부류. 类似 lèisì 유사하다. 비슷하다. 种类 zhǒnglèi 종류. 부류. 가지. 丷 䒑 半 米 类

L

10 离 [離] 떠날 리 lí 리

분리하다. 떨어지다. 떠나다. 헤어지다.
离别　líbié　이별하다. 헤어지다.
离开　líkāi　떠나다. 헤어지다. 벗어나다.
亠 文 㐫 离 离

7 里 [裏] 안 리 lǐ 리

속. 안. 이웃. 내부. 가운데.
故里　gùlǐ　고향.
里头　lǐtóu　내부. 안쪽. 가운데. (=里边biān). cf.(경성발음 lǐ·tou).
冂 日 日 甲 里

11 理 [理] 다스릴 리 lǐ 리

다스리다. 이치. 도리. 정리하다.
理发　lǐfà　이발하다.
理论　lǐlùn　이론. 의론하다. (=讲jiǎng理).
T 王 王 珇 珇 理

5 礼 [禮] 예도 례 lǐ 리

예의. 선물. 예물.
礼貌　lǐmào　예의 바르다. 예절.
礼物　lǐwù　예물. 선물. (=礼品pǐn).
ㄱ 衤 礻 礼

4 历 [歷·曆] 지낼·책력 력 lì 리

겪다. 경험하다.
历程　lìchéng　역정. 과정. 노정.
经历　jīnglì　겪다. 경험하다. 경력. 내력.
厂 厅 历

励 [勵] 힘쓸 려 lì 리

7

힘쓰다. 노력하다. 애쓰다. 격려하다.
励精 lìjīng 정신을 가다듬다.
励行 lìxíng 힘써 실행하다.

一 厂 厂 厅 历 历 励

连 [連] 이을 련 lián 련

7

잇다. 잇닿다. 연결하다. 연접하다.
连接 liánjiē 연접하다. 서로 잇닿다. (=联接liánjiē).
连手 liánshǒu 손을 마주 잡다. 제휴하다. 관계하다. (=联手liánshǒu).

一 た 专 车 连

联 [聯] 잇닿을 련 lián 련

12

연결하다. 연합하다.
联络 liánluò 연락(하다). (=连络liánluò).
联合国 Liánhéguó 유엔(UN). 국제 연합(United Nations).

一 厂 F 王 耳 耴 耴 联

量 헤아릴 량 liáng 량

12

헤아리다. 가늠하다. 재다. 달다.
量度 liángdù 측정(하다). 측량(하다).
量地 liángdì 토지를 측량하다. 땅의 넓이를 재다.

丨 口 日 旦 昌 昌 昌 昌 量

练 [練] 익힐 련 liàn 련

8

연습하다. 훈련하다. 단련하다.
练习 liànxí 연습(하다). 익히다.
训练 xùnliàn 훈련(하다).

ㄥ ㄠ ㄠ 纟 纡 织 练 练

L

L

10 恋 [戀] 사모할 련 liàn 렌

연애(하다). 그리워하다. 사랑(하다).
恋慕 liànmù 연모(하다).
初恋 chūliàn 첫사랑.

亠 亦 亦 亦 恋 恋

13 粮 [糧] 양식 량 liáng 량

양식. 식량. 곡식.
粮食 liángshí 양식. 식량. (=食粮). cf.(경성발음 liáng·shi).
杂粮 záliáng 잡곡. (=粗cū粮).

丷 ⺌ 半 米 籵 籵 籵 粮 粮

7 两 [兩] 두 량 liǎng 량

둘. 쌍방. 양쪽. 상이한.
两面 liǎngmiàn 양면. 양쪽. 양측.
两样 liǎngyàng 다르다. 상이하다.

一 丆 両 两

7 邻 [鄰] 이웃 린 lín 린

이웃. 인접한. 근접한.
邻近 línjìn 인근. 이웃하다. 가까이 접하다.
邻居 línjū 이웃. 이웃집. 이웃 사람. (=邻比bǐ·邻壁bì).

丿 ㄟ 亽 令 令⻏ 邻

9 临 [臨] 임할 림 lín 린

임하다. 향하다. 대하다. 직면하다. 조우하다.
面临 miànlín 직면하다. 당면하다.
临时 línshí 임시. 잠시. 때에 이르다.

丨 丨⼇ 丨⺌ 临 临 临

11

[領]
옷깃 령
lǐng
링

옷깃. 목. 목덜미. 인솔하다. 거느리다.
领导　lǐngdǎo　지도(하다). 영도하다.
领域　lǐngyù　영역. 분야.

人　𠆢　今　令　𡨄　领　领

10

흐를 류
liú
류

흐르다. 유랑하다. 떠돌다. 전하다.
流行　liúxíng　유행(하다). 성행(하다).
漂流　piāoliú　표류하다. 떠돌아다니다.

丶　氵　氵　氵　流

13

[樓]
다락 루
lóu
러우

다락. 층집. 다층 건물.
楼群　lóuqún　빌딩의 숲. 많은 빌딩.
教室楼　jiàoshìlóu　강의실 건물.

十　木　木　木　楼　楼　楼　楼

8

[錄]
기록할 록
lù
루

기록하다. 기재하다. 녹음하다. 채용하다.
录音　lùyīn　녹음하다. 취입하다.
录用　lùyòng　채용하다. 임용하다. 고용하다.

フ　ヨ　ヨ　寻　录　录

7

[亂]
어지러울 란
luàn
롼

어지럽다. 무질서하다. 혼란하다.
乱动　luàndòng　난동을 부리다. 마구 날뛰다. 제멋대로 행동하다.
叛乱　pànluàn　반란(을 일으키다). 쿠데타.

二　千　舌　乱

L

11 略 간략할 략 lüè 뤠

간단하다. 대략적이다. 단순하다.
粗略 cūlüè 대략적인. 대충의.
略图 lüètú 약도. (示shì意图).

丨 冂 冂 冊 田 田 町 眇 略 略

8 轮 [輪] 바퀴 륜 lún 룬

바퀴. 둘레.
年轮 niánlún 연륜. 나이테.
车轮 chēlún 차륜. 차바퀴. 수레바퀴.

一 车 车 轮 轮 轮

6 论 [論] 논할 논 lùn 룬

논하다. 토론하다. 의논하다.
讨论 tǎolùn 토론(하다).
论证 lùnzhèng 논증(하다). 논거.

丶 讠 论 论 论

12 落 떨어질 락 luò 뤄

떨어지다. 하락하다. 낙오되다. 몰락하다.
落第 luòdì 낙제하다. 불합격하다. (=落榜bǎng).
没落 mòluò 몰락(하다). 함락하다. 타락하다.

一 艹 艹 艹 莎 莈 落

8 罗 [羅] 그물 라 luó 뤄

새 그물. 모으다.
网罗 wǎngluó 망라. 그물. 속박.
搜罗 sōu·luó 수집하다. 찾아 모으다.

丨 冂 皿 罒 罗 罗 罗

| 6 **妈** [媽] 어미 마 mā 마 | 어머니. 엄마.
姑妈 gūmā 고모.(=姑母).
大妈 dàmā 백모(伯母). 큰어머니.
く 女 女 奴 妈 妈 |

| 3 **马** [馬] 말 마 mǎ 마 | 말. 큰.
马路 mǎlù 대로. 큰길. (=大dà马路).
马上 mǎshàng 말의 등 위(에서). 곧. 즉시.
フ 马 马 |

| 9 **骂** [罵] 꾸짖을 매 mà 마 | 꾸짖다. 욕하다. 질책하다. 따지다.
骂人 màrén 남을 욕하다(매도하다).
挨骂 áimà 야단맞다. 욕을 먹다. (=受shòu骂). |

| 6 **买** [買] 살 매 mǎi 마이 | 사다. 구입하다. 매수하다.
买卖 mǎimài 매매. 장사. cf.(경성발음·mai).
买卖人 mǎimàirén 매매인. 상인. 장사꾼. (=商人shāngrén). cf.(경성발음·mairén).
一 フ 三 买 |

| 8 **卖** [賣] 팔 매 mài 마이 | 팔다. 판매하다.
卖力气 màilìqì 있는 힘을 다하다. 전심전력하다(卖气力). cf.(경성발음 lì·qi).
卖完 màiwán 매진되다(하다).
一 十 土 卖 卖 |

M

6 迈 [邁] 멀리갈 매 mài 마이

앞지르다. 활보하다. 추월하다. 능가하다.
迈步 màibù 발걸음을 내디디다.
迈进 màijìn 매진하다. 돌진하다. (=迈往wǎng).

一 厂 万 迈 迈

13 满 [滿] 찰 만 mǎn 만

가득하다. 그득하다. 꽉 채우다. 모두의. 흡족하다.
满身 mǎnshēn 온몸. 전신(全身). 만신.
满足 mǎnzú 만족하다. 충분하다. 넉넉하다.

氵 汀 汁 浩 浩 满

4 毛 털 모 máo 마오

털. 깃.
毛笔 máobǐ 모필. 붓.
毛细管 máoxìguǎn 모세혈관. 가는 핏줄. (=毛细血xuè管). (=毛管).

一 二 三 毛

9 贸 [貿] 무역할 무 mào 마오

무역. 바꾸다. 교역하다.
外贸 wàimào 대외 무역의 준말.
贸易 màoyì 무역. 교역. 매매. 상업.

一 匚 乍 卯 卯 留 贸

3 门 [門] 문 문 mén 먼

문. 출입구.
门口 ménkǒu 입구. 현관. 문어귀.
门卫 ménwèi 수위. 경비원. 문지기.

丶 亠 门

| 5 们 [們] 들 문 mén 먼 | ~들. 무리. 집단.
朋友们 péngyǒumén 친구들.
我们 wǒmén 우리(들). 나. 저. cf.(경성발음 wō·men).
亻 亻 们 们 |

| 11 梦 [夢] 꿈 몽 mèng 멍 | 꿈. 꿈꾸다. 공상하다.
恶梦 èmèng 악몽. 무서운 꿈.
梦想 mèngxiǎng 몽상(하다). 망상(에 빠지다).
十 木 林 林 梦 梦 |

| 5 灭 [滅] 멸할 멸 miè 몌 | 멸망하다. 불을 끄다. 소멸하다.
灭火 mièhuǒ 불을 끄다. 소화(消火)하다. (=熄xī火).
灭亡 mièwáng 멸망하다. 멸망시키다.
一 一 灭 |

| 5 民 백성 민 mín 민 | 국민. 대중. 백성.
国民 guómín 국민.
渔民 yúmín 어민.
フ ㄱ ㄕ ㄹ 民 |

| 6 名 이름 명 míng 밍 | 이름. 명칭.
书名 shūmíng 서명. 책의 이름.
命名 mìngmíng 명명하다. 이름을 짓다. (=取qǔ名).
丿 ク 夕 名 |

M

8
明
밝을 명
míng
밍

밝다. 환하다. 명백하다. 확실하다.
明白　míngbái　명백하다. 분명하다. cf.(경성발음·bai).
明快　míngkuài　명쾌하다. 명랑하고 쾌활하다.
丨 冂 日 明

14
模
본 모
mó
모

법도. 본보기. 모범. 규범.
模型　móxíng　견본. 모델. 모형.
楷模　kǎimó　모범. 본보기.
一 十 木 杧 杧 槿 模

5
目
눈 목
mù
무

눈. 보다. 주시하다.
闭目　bìmù　눈을 감다.
目下　mùxià　현재. 지금. 목하(=刻kè下).
冂 月 目

13
墓
무덤 묘
mù
무

묘. 무덤.
公墓　gōngmù　공동묘지.(=公坟fén).
墓祭　mùjù　묘제. 묘사.
一 艹 苩 莫 墓

14
暮
저물 모
mù
무

저녁. 해질녘. 늦다.
薄暮　bómù　땅거미. 어스름.
暮年　mùnián　만년(晚年). 늘그막. (=暮齿chǐ).
一 艹 苩 莫 暮

10 拿
잡을 나
ná
나

잡다. 붙잡다. 쥐다. 가지다. 사로잡다.
拿到 nádào 손에 넣다. 입수하다. 받다.
拿手 náshǒu 뛰어나다. 훌륭하다. 노련하다.

丿 𠂇 𠆢 合 슌 拿

7 男
사내 남
nán
난

사내. 남자. 남성.
男孩儿 nánháir 사내아이. 아들. (=男孩(子)).
男女 nánnǚ 남자와 여자. 자녀.

丨 冂 冂 田 田 甼 男

10 难 [難]
어려울 난
nán
난

어렵다. 곤란하다. 좋지 않다.
难过 nánguò 고생스럽다. 괴롭다. 지내기 어렵다.
难听 nántīng 듣기 싫다. 귀에 거슬리다.

フ 又 刈 𬨥 𬨥 难

10 脑 [腦]
뇌 뇌
nǎo
나오

뇌. 머릿골. 두뇌. 우두머리. 두목.
脑筋 nǎojīn 두뇌. 머리. 의식.
首脑 shǒunǎo 수뇌. 지도자. 영도자.

月 𦜝 肶 脑 脑

8 闹 [鬧]
시끄러울 뇨
nào
나오

시끄럽다. 떠들썩하다. 떠들다. 생기다. 일어나다.
闹病 nàobìng 병을 앓다. 병에 걸리다. (=生shēng病).
闹事 nàoshì 소동을 일으키다. 소란을 피우다. 사건을 일으키다.

丶 亠 门 门 闹 闹

N

N

6 农 [農]
농사 농
nóng
눙

농사. 농업.
富农　fùnóng　부농.
农业　nóngyè　농업.

一 ナ 宁 农 农

9 怒
성낼 노
nù
뉘

격노(하다). 분노(하다).
发怒　fānù　노하다. 성내다.
忿怒　fènnù　분노하다.

女 女 奴 怒 怒

5 奴
종 노
nú
뉘

노예. 남자 종.
农奴　nóngnú　농노. 종처럼 매인 농군.
奴仆　núpú　노복(奴僕). 종. 노예.

女 女 奴

3 女
계집 녀
nǚ
뉘

계집. 여자. 딸.
女孩儿　nǚháir　여자 아이. 소녀. (=女孩子hái·zi).
女生　nǚshēng　여학생. (=女学xué生).

く 女 女

13 暖
따뜻할 난
nuǎn
난

따뜻하다. 온화하다.
温暖　wēnnuǎn　따뜻하다. 따스하다. (=温和hé).
暖流　nuǎnliú　난류.

丨 日 日 厂 旷 旷 㬢 暖

P

9 派
물갈래 파
pài
파이

물 갈래. 파벌. 파별(別). 파견하다.
流派　liúpài　유파. 파별(別). 분파. (= 支zhī派).
宗派　zōngpài　종파. 파벌. 섹트(sect).

氵 氵 汀 沅 沅 派 派

8 凭
[憑]
의지할 빙
píng
핑

의지하다. 근거하다. 의거하다. 증거.
凭据　píngjù　증거. 근거. 증거물.
文凭　wénpíng　임명장. 졸업장. 증서(證書).

亻 仁 任 任 凭

7 评
[評]
평론할 평
píng
핑

평론(하다). 비평(하다). 논평(하다).
批评　pīpíng　비평하다. 의견을 제시하다. 장단점을 지적하다.
评论　pínglùn　평론하다. 세평(世評)하다.

丶 讠 评 评 评

10 破
깨뜨릴 파
pò
포

깨뜨리다. 가르다. 파손되다. 격파하다.
破坏　pòhuài　파괴하다. 타파하다.
破产　pòchǎn　파산하다. 도산하다. 깨지다.

丆 石 矽 矽 矿 破

12 普
넓을 보
pǔ
푸

보편적(으로). 일반적(으로).
普查　pǔchá　일제 조사(하다). 전면 조사(하다).
普照　pǔzhào　두루 비추다.

丷 䒑 並 並 並 普

Q

12 期 기약할 기 qī 치

기약하다. 기대하다. 기다리다.
过期　guòqī　기한을 넘기다. 기일이 지나다.
期待　qīdài　기대(하다). 기다리다. (=期切qiè).

一 卄 甘 其 期

6 齐 [齊] 가지런할 제 qí 치

가지런하다. 똑같다. 일치하다.
齐全　qíquán　완비하다. 완전히 갖추다. 마련하다. (齐备bèi).
齐心　qíxīn　마음을 합치다. 뜻을 같이하다. (=同tóng心).

亠 文 齐

11 骑 [騎] 말탈 기 qí 치

타다. 올라타다.
骑车　qíchē　자전거를 타다.
骑马　qímǎ　기마. 말을 타다.

丁 马 马 骑 骑 骑 骑

4 气 [氣] 기운 기 qì 치

기운. 기체. 기후.
气候　qìhòu　기후. 기절.
天气　tiānqì　날씨. 일기.

丿 𠂉 气

10 铅 [鉛] 납 연 qiān 첸

납. 흑연. 연필심.
铅笔　qiānbǐ　연필.
铅笔盒　qiānbǐhé　필통. 필갑.

丿 𠂉 钅 钅 钌 铅

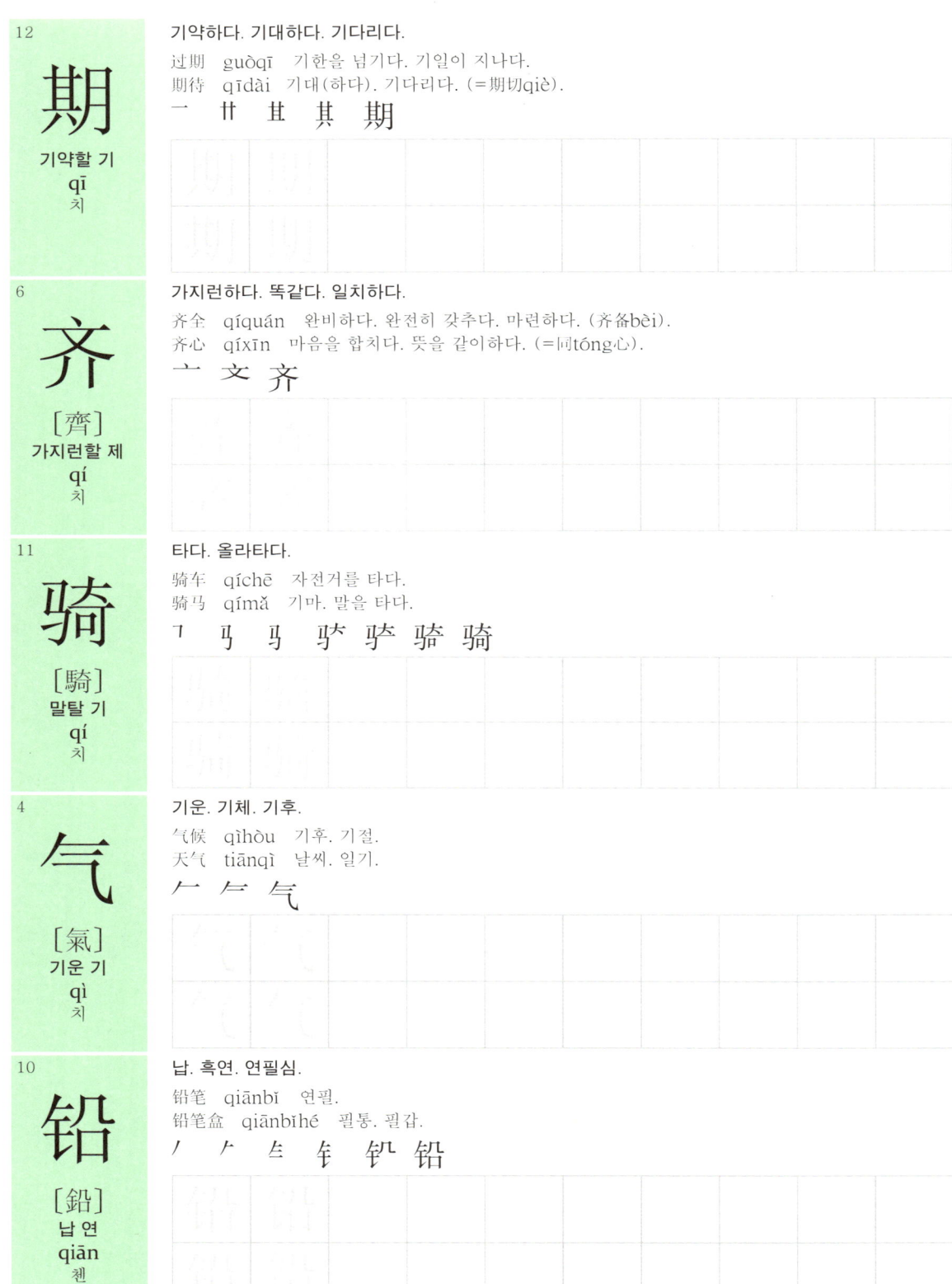

签 [簽] 서명할 첨 qiān 쳰

13

서명하다. 사인(sign)하다.
签证 qiānzhèng 비자. 사증(查證)하다.
签字 qiānzì 서명하다. 조인하다.

⺮ ⺮ ⺮ 笃 笃 签 签

钱 [錢] 돈 전 qián 쳰

10

돈. 화폐. 금전.
钱包 qiánbāo 돈지갑. 돈주머니.
钱财 qiáncái 금전. 재화.

亠 钅 钅 钅 钱 钱 钱

浅 [淺] 얕을 천 qiǎn 쳰

8

얕다. 연하다.
水浅 shuǐqiǎn 물이 얕다.
浅色 qiǎnsè 연한 색.

氵 氵 浅 浅 浅

强 굳셀 강 qiáng 챵

12

굳세다. 우월하다. 강하다. 강제로.
强盗 qiángdào 강도.
富强 fùqiáng 부강하다.

フ 弓 弓 驲 弨 弹 强

抢 [搶] 빼앗을 창 qiǎng 챵

7

빼앗다. 탈취하다. 급히 하다.
抢救 qiǎngjiù 급히 구조하다. 빨리 구원하다.
抢做 qiǎngzuò 솔선해서 하다. 서두르다.

扌 扌 扒 抢

Q

10 桥 [橋] 다리 교 qiáo 챠오

다리. 교량.
架桥　jiàqiáo　다리를 가설하다.
独木桥　dúmùqiáo　외나무다리. (=独梁 liáng).

十　木　杧　柊　桥

9 亲 [親] 친할 친 qīn 친

친하다. 양친. 어버이. 친히. 몸소.
父亲　fùqīn　부친. 아버지.
亲手　qīnshǒu　손수. 자기 손으로. 직접.

亠　立　辛　亲　亲

9 轻 [輕] 가벼울 경 qīng 칭

가볍다. 경미하다. 수월하다.
轻松　qīngsōng　수월하다. 가볍다.
轻重　qīngzhòng　경중. 무게. 중량.

一　＋　车　车　轻　轻

11 清 맑을 청 qīng 칭

깨끗하다. 맑다.
清白　qīngbái　청백하다. 깨끗하다. 결백하다.
清爽　qīngshuǎng　맑고 상쾌하다. 시원하다.

氵　汁　洁　清　清

10 请 [請] 청할 청 qīng 칭

청하다. 초청하다. 부탁하다.
请客　qīngkè　손님을 초대하다.
请问　qīngwèn　잠깐 여쭙겠습니다. (=请教 jiào).

丶　讠　计　请　请　请

Q

7 求 구할 구 qiú 추
구하다. 요청하다. 부탁하다.
求爱　qiúài　구애하다.
求婚　qiúhūn　구혼하다.

一 十 寸 寸 求 求

11 球 옥 구 qiú 추
구. 원형의 입체물. 볼(ball).
气球　qìqiú　고무풍선.
煤球　méiqiú　조개탄.

T F E 纤 球 球 球

5 丘 언덕 구 qiū 추
언덕. 둔덕.
沙丘　shāqiū　사구. 모래 언덕.
丘陵　qiūlíng　구릉 언덕.

一 厂 斤 丘

24 衢 거리 구 qú 취
큰길. 대로. 거리. 네거리.
通衢　tōngqú　사통팔달의 큰길.
衢道　qúdào　갈림길.

ノ 彳 彳 徸 徸 徸 衢 衢

7 驱 [驅] 몰 구 qū 취
몰다. 빨리 달리다. 축출하다.
驱除　qūchú　구제하다. 제거하다.
驱逐　qūzhú　구축하다. 몰아내다.

丁 马 马 马 驱 驱

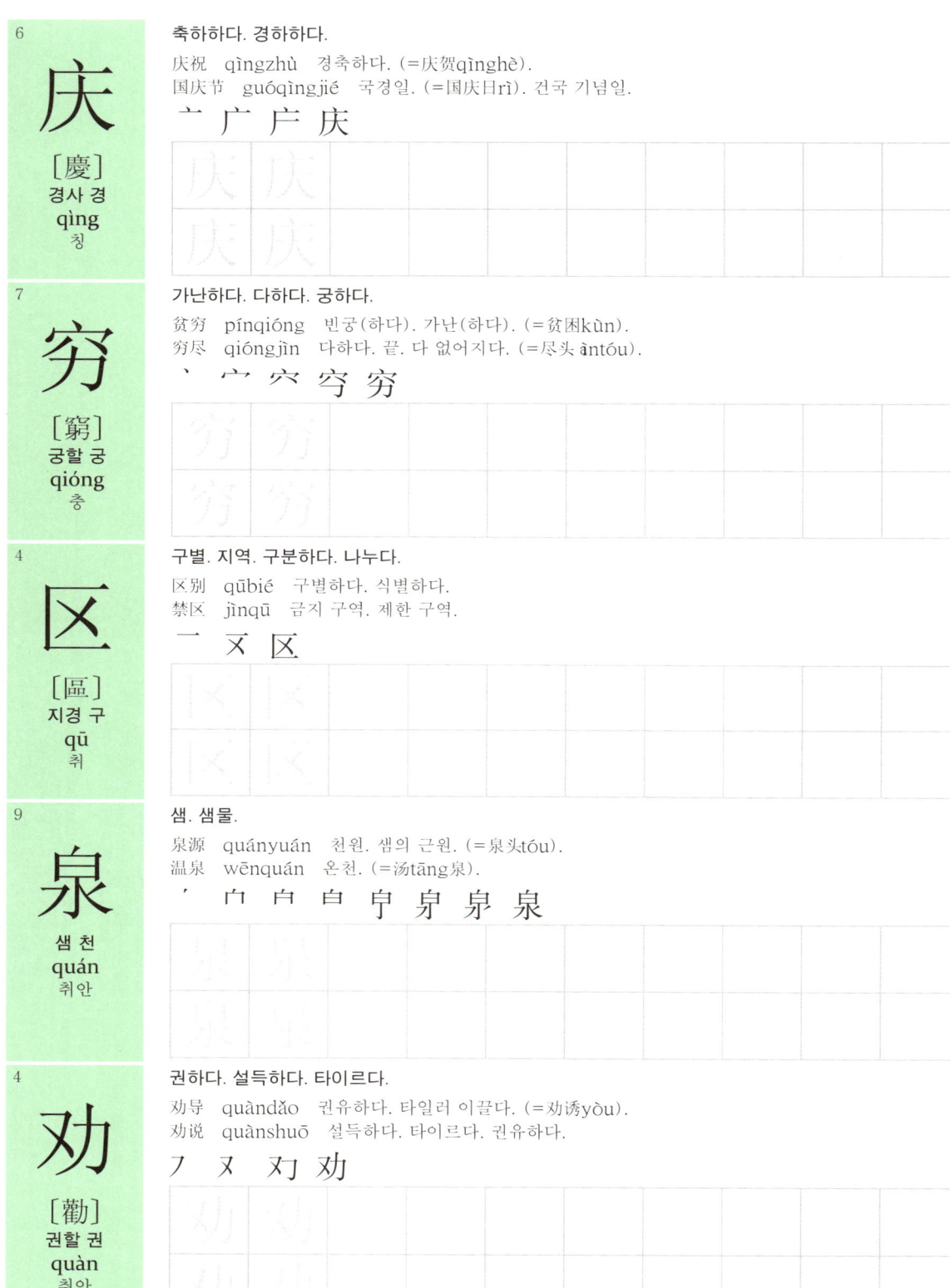

Q

6 权 [權] 권세 권 quán 취안

권리. 권력. 권세.
人权　rénquán　인권.
权力　quánlì　권력. 권한.

十　木　权　权

12 确 [確] 확실할 확 què 췌

확실하다. 굳다. 확고하다.
确认　quèrèn　확인(하다).
确实　quèshí　확실하다. 정말로.

丆　石　矿　矿　确　确

8 取 취할 취 qǔ 취

취하다. 가지다. 얻다.
取得　qǔdé　취득하다. 얻다. 획득하다.
取名　qǔmíng　명성을 얻다(떨치다). (=取称chēng).

一　厂　耳　耳　取　取

15 趣 뜻 취 qù 취

취미. 흥미. 재미. 웃음거리. 흥밋거리.
趣味　qùwèi　흥취. 흥미. 재미. (=兴xìng趣).
打趣　dǎqù　농담하다. 희롱하다.

一　土　耂　走　赶　赶　赶　趄　趣

13 群 무리 군 qún 췬

무리. 떼. 대중.
人群　rénqún　군중. 사람의 무리.
群峰　qúnfēng　군봉. 뭇 봉우리.

一　ㅋ　ㅋ　尹　君　君′　群　群

R

让 [讓] 사양할 양 ràng 랑

사양하다. 양보하다.
让步 ràngbù 양보하다.
让路 rànglù 길을 양보하다(비키다).

丶 讠 让 计 让

忍 참을 인 rěn 런

참다. 견디다. 잔혹하다. 잔인하다.
忍耐 rěnnài 인내(하다). 화를 참다. (=耐(nàiqì).
残忍 cánrěn 잔인하다. 잔혹하다.

フ 刀 刃 刃 忍 忍

热 [熱] 더울 열 rè 러

덥다. 뜨겁다. 열기.
热狗 règǒu 핫도그(hot dog). (=红肠面包hōngchángmiànbāo).
热情 rèqíng 열정. 의욕. 정열.

十 扌 扌 执 执 热

认 [認] 알 인 rèn 런

알다. 인식하다. 식별(분별)하다.
认错 rèncuò 잘못 보다.
认识 rènshí 인식하다. 알다. cf.(경성발음 rèn·shi).

丶 讠 认

软 [軟] 부드러울 연 ruǎn 롼

부드럽다. 온화하다.
柔软 róuruǎn 유연하다. 부드럽고 연하다.
软求 ruǎnqiú 부드럽게 요구하다.

一 土 车 车 车' 软

| 14 | 赛 [賽] 내기할 새 sài 싸이 | 내기하다. 시합하다. 겨루다.
比赛 bǐsài 시합(하다).
足球赛 zúqiúsài 축구 시합.
丶宀宁审审寒寒赛赛 |

| 12 | 散 흩어질 산 sàn 싼 | 흩어지다. 분산하다. 배제하다.
散步 sànbù 산보하다.
散心 sànxīn 기분을 풀다. 기분을 전환하다.
一 艹 뷰 冃 冃′ 散 |

| 6 | 扫 [掃] 쓸 소 sǎo 싸오 | 쓸다. 제거하다. 없애다.
打扫 dǎsǎo 청소하다. 소제하다.
扫兴 sǎoxìng 흥(기분)이 깨지다. 흥취가 사라지다. (=扫'qì).
丁 扌 扫 扫 扫 |

| 6 | 杀 [殺] 죽일 살 shā 사 | 죽이다. 살해하다.
杀人 shārén 살인하다.
杀手 shāshǒu 살인자. 자객. 킬러(killer).
乂 杀 杀 杀 |

| 6 | 伤 [傷] 상할 상 shāng 상 | 상하다. 다치다. 슬퍼하다.
受伤 shòushāng 부상당하다. 상처를 입다.(=负fù伤)
伤心 shāngxīn 슬퍼하다. 상심하다. (=伤怀huái).
亻 广 伤 伤 |

S

10 烧 [燒] 불사를 소 shāo 사오

불사르다. 태우다. 짓다.
烧饭　shāofàn　밥을 짓다.
发烧　fāshāo　열이 나다. 발열. (=发热rè).

丶 火 灯 炉 烧 烧

6 设 [設] 베풀 설 shè 서

설치하다. 배치하다. 가상하다.
设备　shèbèi　설비하다. 갖추다.
设计　shèjì　설계(하다). 계책을 꾸미다. (=设谋móu).

丶 讠 讥 设

7 社 [社] 모일 사 shè 서

모이다. 단체. 조직체.
社会　shèhuì　사회.
报社　bàoshè　신문사.

丶 ㇀ 礻 礻 礻 社 社

7 声 [聲] 소리 성 shēng 성

소리. 말하다. 평판. 명성.
声调　shēngdiào　음색. 톤(tone). 성조. (=四sì声).
名声　míngshēng　명성. 평판.

一 士 吉 吉 吉 声

9 胜 [勝] 이길 승 shèng 성

이기다. 승리(하다).
胜败　shèngbài　승패. 승부. (=胜负fù).
胜利　shènglì　승리(하다).

丿 月 肝 肝 胜

伸 펼 신 shēn 선
7

펴다. 펼치다. 해명하다.
伸手　shēnshǒu　손을 내밀다. 손을 뻗다.
伸冤　shēnyuān　억울함을 하소연하다. (=申冤shēnyuān).

丿 亻 伯 伸

身 몸 신 shēn 선
7

몸. 신체. 자기.
身边　shēnbiān　신변. 몸. (=身上·shang).
身体　shēntǐ　신체. 건강.

丿 亻 勹 阝 身 身

慎 삼갈 신 shèn 선
13

조심하다. 삼가다. 신중히 하다.
慎思　shènsī　신중하게 생각하다.
慎重　shènzhòng　신중하다. 엄숙하다.

丶 忄 忄 忄 忄 慎 慎

神 귀신 신 shén 선
9

신. 신령. 불가사의하다.
神力　shénlì　초인적인 힘. 신기한 힘.
神汉　shénhàn　남자 무당. 박수.

丶 冫 礻 礻 祀 神

绅 [紳] 큰띠 신 shēn 선
8

예복의 큰 띠. 퇴직한 관리.
绅士　shēnshì　유력 인사. 세도가. (=绅衿jīn).
乡绅　xiāngshēn　지방의 명사(名士). 퇴직 관리.

乚 乡 乡 纟 绅

S

史 역사 사 shǐ 스
5
역사. 사관(士官).
史实 shǐshí 역사적 사실(事實).
历史 lìshǐ 역사.
口 中 史

视 [視] 볼 시 shì 스
8
보다. 살피다
视觉 shìjué 시각.
电视机 diànshìjī 텔레비전 수상기. (=电视接jiē收shōu机).
丶 礻 衤 衤 视

试 [試] 시험할 시 shì 스
8
시험하다. 해 보다. 시도하다.
考试 kǎoshì 시험(하다). 고사(하다).
笔试 bǐshì 필기시험.
丶 讠 讠 讠 试

势 [勢] 형세 세 shì 스
8
권세. 권력. 형세.
势力 shìlì 세력. 권력. (=势利lì).
权势 quánshì 권세.
一 才 扌 执 执 势 势

事 일 사 shì 스
8
일. 업무. 사고. 사건.
事故 shìgù 사고. 재화(灾祸).
事实 shìshí 사실.
一 丆 亐 写 写 事

S

9 适 [適] 갈 적 shì 스

가다. 마땅하다. 적합하다. 마침.
适合　shìhé　적합(부합)하다. 알맞다. (=适可kě).
适应　shìyìng　적응(하다).

丶 千 舌 舌 适 适

8 受 받을 수 shòu 서우

받다. 받아들이다. 입다. 맞다.
受害　shòuhài　피해를 당하다. 손해를 입다.
受伤　shòushāng　상처를 입다. 부상을 당하다. (=负fù伤).

一 爫 𠔼 受

4 书 [書] 글 서 shū 수

글. 책. 문서. 글씨체.
书呆子　shūdāizi　책벌레. 독서광. (=书痴chī). cf.(경성발음 dāi·zi).
书法　shūfǎ　서법. 서도. 서예의 필법.

フ 弓 书 书

13 输 [輸] 실어나를 수 shū 수

나르다. 지다. 운송하다.
输出　shūchū　수출(하다). 내보내다.
输入　shūrén　남에게 지다(패하다).

一 车 车 轮 轮 输 输

12 属 [屬] 무리 속 shǔ 수

무리. 따르다. 예속하다.
附属　fùshǔ　부속(하다). 예속(종속)하다.
属于　shǔyú　~에 속하다. ~에 소속되다.

一 厂 尸 肩 属 属

S

13 数 [數] 수 수 shǔ·shù 수

수. 세다. 헤아리다. 계산하다.
运数　yùnshù　운수. 운명.
数算　shǔsuàn　계산하다. 세다.

丶 亠 半 米 娄 数~ 数

9 树 [樹] 나무 수 shù 수

나무. 수목. 건립하다. 재배하다.
树立　shùlì　세우다. 수립하다. 확립하다. (=树建jiàn).
树木　shùmù　수목. 나무. 나무를 심다.

一 十 木 权 树 树

5 术 [術] 꾀 술 shù 수

기술. 기예. 방법. 수단.
武术　wǔshù　무술.
战术　zhànshù　전술.

一 十 木 术

4 双 [雙] 쌍 쌍 shuāng 쏭

한 쌍. 두 개. 쌍. 짝수.
双手　shuāngshǒu　양손. 쌍수.
双数　shuāngshù　짝수. 우수. (=偶ǒu数).

フ 又 双

13 睡 잠잘 수 shuì 수이

수면. 졸다. 잠자다.
睡觉　shuìjiào　자다.
睡眠　shuìmián　수면(하다). 잠(자다). (=眠睡mián shuì).

丨 目 目~ 睅 睅 睡 睡 睡

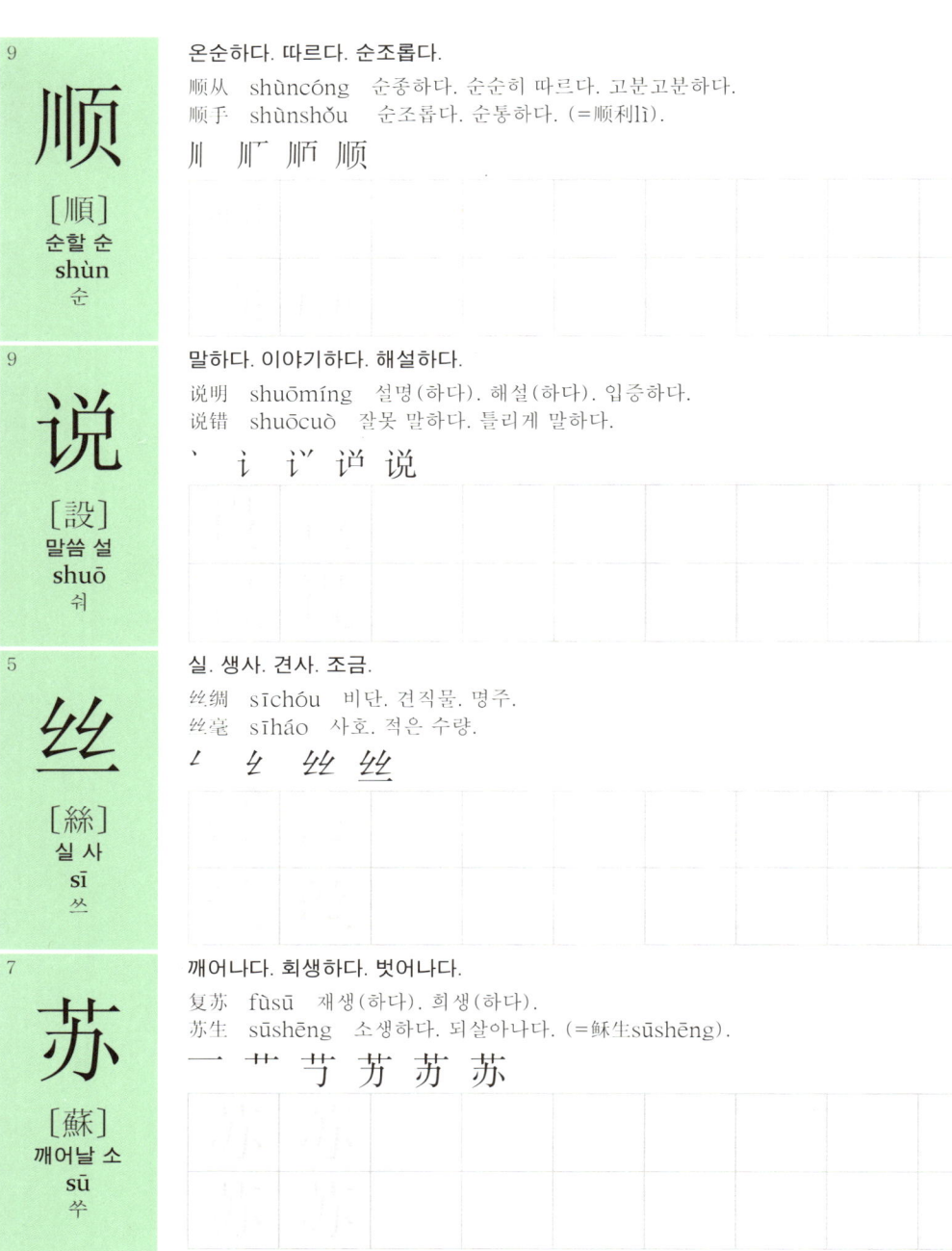

S

似 같을 사 sì 쓰 (6)

닮다. ~듯하다.
类似 lèisì 유사하다. 비슷하다.
似而非 sì'érfēi 비슷한 것 같으나 실제와 다르다.(=似是shì而非).

亻 亻' 仏 似

使 부릴 사 shǐ 스 (8)

시키다. 파견하다. 쓰다.
使节 shǐjié 사절, 외교 사절.
好使 hǎoshǐ 쓰기 좋다. 쓰기 편하다.

亻 亻' 仨 伊 使

士 선비 사 shì 스 (3)

선비. 지식인. 존칭.
绅士 shēnshì 신사. 명사(名士). 세도가.
爱国志士 àiguózhìshì 애국지사.

一 十 士

死 죽을 사 sǐ 쓰 (6)

죽다.
寻死 xúnsǐ 자살을 기도하다. 자살하다.
死地 sǐdì 사지. 사선.

一 厂 歹 歹 歹' 死

寺 절 사 sì 쓰 (6)

불교의 사찰. 절.
护国寺 hùguósì 호국 사찰.
寺院 sìyuàn 절. 사원.

一 十 士 圡 寺 寺

S

10 速 [速] 빠를 속 sù 쑤

빠르다. 신속하다. 속도.
速度　sùdù　속도. (=速力lì).
迅速　xùnsù　신속하다. 재빠르다. 날래다.
一　亓　亩　束　束　涑　速

14 算 셈할 산 suàn 쫜

계산(하다). 셈(하다). 계략을 꾸미다.
算帐　suànzhàng　청산하다. 결산하다. 회계하다.
打算　dǎsuàn　타산하다. 계획하다. ~하려고 하다. cf.(경성발음dǎ·suan).
⺮　⺮　竺　笁　筲　筲　算

9 虽 [雖] 비록 수 suī 쑤이

비록. 설사.
虽然　suīrán　비록 ~일지라도. (=虽是shì).
虽说　suīshuō　비록 ~하지만.
口　吕　吊　虽

11 随 [隨] 따를 수 suí 쑤이

따라가다. 뒤따르다. 맡기다. 어떠한 ~라도.
随便　suíbiàn　마음대로 하다. 좋을대로 하다. 자유로이.
随时　suíshí　수시로. 언제나. 아무 때나.
⻖　阝　阝ﾉ　陏　随　随

6 岁 [歲] 해 세 suì 쑤이

해. 세월. 살.
岁数　suìshǔ　나이. 연령. 연세. cf.(경성발음 suì·shu).
岁底　suìdǐ　세밑. 세말. 연말. 세모. (=岁残cán. 岁竟jìng).
丨　山　屮　岁　岁

S

6 孙 [孫] 손자 손 sūn 쑨

손자. 자손. 후손.
子孙　zǐsūn　자손.
孙女　sūnnǚ　손녀.
フ 了 子 孑 孙

10 损 [損] 덜 손 sǔn 쑨

줄어들다. 덜다. 잃다. 감소하다. 손해.
损害　sǔnhài　손상시키다. 손해를 주다.
损失　sǔnshī　손실(을 보다). 손해(보다).
一 十 扌 扩 捐 损

14 缩 [縮] 줄 축 suō 쒀

줄어들다. 수축하다.
紧缩　jǐnsuō　긴축하다. 축소하다.
缩略　suōlüè　긴축하여 덜다. 축소하여 생략하다.
乚 纟 纩 纩 纩 缩

8 所 바 소 suǒ 쒀

장소. 곳. 처소. 전혀.
住所　zhùsuǒ　주소. 사는 곳.
所以　suǒyǐ　소이. 그래서. 그런 까닭에. 이유.
一 厂 户 所 所

10 索 찾을 색 suǒ 쒀

찾다. 탐색하다.
索寻　suǒxún　탐색하다.
搜索　sōusuǒ　수색하다. 수사하다.
一 十 志 志 志 索 索

T

5 台 [臺] 돈대 대 tái 타이

돈대. 무대. 누대.
讲台　jiǎngtái　강단. 교단. 연단. (=讲坛 jiǎngtán).
台湾　Táiwān　대만(Taiwan).

㇀ 厶 台

8 态 [態] 모양 태 tài 타이

모양. 형편. 생김새. 태도.
态度　tàidù　태도. 몸동작. 모습. cf.(경성발음 tài·du)
状态　zhuàngtài　상태. 형편. 컨디션(condition).

一 大 太 太 态 态

10 谈 [談] 말씀 담 tán 탄

말하다. 이야기하다. 토론하다.
谈话　tánhuà　담화하다. 이야기하다.
谈判　tánpàn　담판(짓다). 회담(하다). 협상(하다).

丶 讠 讠 谈 谈

7 坛 [壇] 재터 단 tán 탄

제터. 단. 제단. ~계.
花坛　huātán　화단. 정원.
体坛　tǐtán　체육계.

一 十 土 坛 坛 坛

5 讨 [討] 칠 토 tǎo 타오

치다. 궁구하다. 비난하다.
讨好　tǎohǎo　비위를 맞추다. 기분을 맞추다. (=讨脸 liǎn).
讨厌　tǎoyàn　싫어하다. 미워하다. 혐오하다.

丶 讠 讨 讨

15 題 [題] 제목 제 tí 티	제목. 문제. 题目 tímù 제목. 표제. 테마. 问题 wèntí 문제. 질문. 日 早 旱 是 是 题 题
10 调 [調] 고를 조 tiáo·diào 탸오	고르다. 조정하다. 뽑히다. 조사하다. 调节 tiáojié 조절(하다). 조정(하다). 调查 diàochá 조사(하다). 丶 讠 讠 讠 讠 调 调
10 铁 [鐵] 쇠 철 tiě 톄	쇠. 철(Fe). 铁路 tiělù 철로. 철길. (=铁道 dào). 铁丝 tiěsī 철사. 철선. 𠂉 车 车 铲 铁
4 厅 [廳] 관청 청 tīng 팅	관청. 대청. 넓은 방. 홀(hall). 歌厅 gētīng 노래방. 客厅 kètīng 객실. 응접실. (=客室 shì). 一 厂 厅 厅
7 听 [聽] 들을 청 tīng 팅	듣다. 받아들이다. 복종하다. 따르다. 听力 tīnglì 청력. 듣기 능력. 听说 tīngshuō 듣기로는. 듣자니. 듣건대. 口 𠯤 听 听

T

9 统 [統] 거느릴 통 tǒng 통

거느리다. 계통. 통솔하다. 총괄하다.
传统　chuántǒng　전통.
统治　tǒngzhì　통치(하다). 지배(하다).

纟 纟 纟 纩 统 统 统 统

5 头 [頭] 머리 두 tóu 터우

머리. 머리카락. 첫머리. 단서. 맨 앞.
头发　tóufà　두발. 머리카락. cf.(경성발음 tóu·fa).
头疼　tóuteńg　두통. 머리(골치)가 아프다.

丶 丷 头

7 投 던질 투 tóu 터우

던지다. 투척하다. 투입하다.
投掷　tóuzhì　투척하다. 던지다.
投资　tóuzī　투자(하다).

一 十 扌 扌 投 投

8 图 [圖] 그림 도 tú 투

그림. 도표. 계획하다. 도모하다.
地图　dìtú　지도.
图画　túhuà　도화. 그림.

冂 冈 冈 图 图

6 吐 토할 토 tǔ 투

구토하다. 게우다.
呕吐　ǒutù　구토하다.
吐血　tùxiě　피를 토하다. 토혈. 상혈.

口 口 叶 吐

6	团 [團] 둥글 단 tuán 톼	둥글다. 모이다. 뭉치다. 집단. 团结　tuánjié　단결(하다). 결속(하다). 연대(하다). 团圆　tuányuán　단원. 冂 冃 団 団 团

11	推 밀 추 tuī 투이	밀다. 추측하다. 推算　tuīsuàn　추산하다. 계산하다. 推开　tuīkāi　밀어 열다. 밀어젖히다. 扌 扌 扌 扩 扩 推

9	退 물러날 퇴 tuì 투이	물러나다. 물리치다. 떠나다. 退敌　tuìdí　적을 물리치다. 退职　tuìzhí　직장을 떠나다. 퇴직하다. 사직하다. 彐 艮 艮 艮 艮 退 退

11	脱 [脫] 벗을 탈 tuō 퉈	벗다. 제거하다. 이탈하다. 벗어나다. 脱衣裳　tuōyīcháng　옷을 벗다. 脱法　tuōfǎ　탈법(하다). 丿 月 月 脱 脱

7	妥 평온할 타 tuǒ 퉈	타당하다. 온당하다. 稳妥　wěntuǒ　온당하다. 타당하다. 妥当　tuǒdàng　알맞다. 적당하다. cf.(경성발음·dang). 一 冖 爫 妥 妥

10 顽 [頑] 완고할 완 wán 완

완고하다. 고집이 세다. 짓궂다.
顽固　wángù　완고하다. 고집스럽다. 완강하다.
顽皮　wánpí　개구쟁이, 장난이 심하다. (＝玩皮 wánpí).

二　丆　元　沅　顽　顽

11 晚 늦을 만 wǎn 완

늦은. 늦다. 저물다. 저녁. 밤.
晚报　wǎnbào　저녁 신문. 석간신문. (＝夜 yè 报).
昨晚　zuówǎn　어제 저녁. (＝昨天 tiān 晚上·shǎng).

冂　日　旷　晚　晚

3 万 [萬] 일만 만 wàn 완

일만. 매우 많은. 대단히.
万分　wànfēn　매우. 대단히. 극히.
万一　wànyī　만일. 만약. 만에 하나. 극히 적은.

一　丆　万

6 网 [網] 그물 망 wǎng 왕

그물. 망. 그물을 치다.
网络　wǎngluò　방송망. 네트워크(network).
网球　wǎngqiú　정구. 테니스.

冂　冂　冈　网

7 围 [圍] 둘레 위 wéi 완

에워싸다. 둘레. 사방. 주위. 휘장.
围巾　wéijīn　스카프(scarf). 목도리.
周围　zhōuwéi　주위. 둘레. 사방. (＝周回 huí).

冂　冋　冋　围　围

伟
[偉] 위대할 위
wěi
웨이

위대하다. 훌륭하다. 우수하다.
伟大　wěidà　위대하다.
伟人　wěirén　위인. 위대한 사람.

亻 仁 仨 伟

卫
[衛] 지킬 위
wèi
웨이

지키다. 방위하다. 보위하다.
卫生　wèishēng　위생적이다. 깨끗하다.
卫星　wèixīng　위성.

フ ヱ 卫

位
자리 위
wèi
웨이

자리. 위치. 곳.
位置　wèizhì　위치. 지위.
座位　zuòwèi　좌석. 자리. (=座zuò位).

亻 亻 位 位

闻
[聞] 들을 문
wén
원

듣다. 소식. 뉴스(news). 소문. 알려지다. 유명하다. 견문.
新闻　xīnwén　뉴스(news).
闻名　wénmíng　명성을 듣다. 유명하다. (=有yǒu名).

丶 亻 门 门 闩 闻 闻

问
[問] 물을 문
wèn
원

묻다. 질문하다. 위문하다.
问题　wèntí　문제. 질문.
问好　wènhǎo　안부를 묻다. 문안드리다. (=致意zhìyì).

丶 亻 门 问

无 [無] 없을 무 wú (4)

없다. 아니다.
无聊　wúliáo　무료하다. 심심하다. 무의미하다.
无能　wúnéng　무능하다. 능력이 없다.

二 チ 无

武 호반 무 wǔ (8)

호반. 군사. 무예.
武功　wǔgōng　무공. 무술(의 수련).
武术　wǔshù　무술.

一 二 丁 千 正 武 武

舞 춤 무 wǔ (14)

춤. 무용.
舞剧　wǔjù　무용극.
舞踊　wǔyǒng　무용(하다). 무도(하다).

一 仁 無 無 舞 舞 舞 舞

务 [務] 힘쓸 무 wù (5)

힘쓰다. 일. 임무. 노력하다.
服务　fúwù　복무하다. 근무하다. 서비스하다.
任务　rènwù　임무. 책무. cf.(경성발음 rèn·wu).

丿 夂 冬 务

物 물건 물 wù (8)

물건. 물체. 만물. 물질.
物质　wùzhì　물질.
物资　wùzī　물자.

一 十 牛 牜 牞 物

4 **午** 낮 오 wǔ 우	낮. 일곱째 지지. 上午 shàngwǔ 오전. (=午前 qián). 午节 Wǔjié 단오절. 丿 ㄥ 午	
4 **勿** 말 물 wù 우	~하지 마라. ~해서는 안 된다. 请勿 qǐngwù ~하지 마시오. 勿要 wùyào 필요 없다. 바라지 않다. 丿 勹 勿	
10 **悟** 깨달을 오 wù 우	깨닫다. 이해하다. 觉悟 juéwù 각오하다. 도리를 깨닫다. 자각하다. 悟透 wùtòu 철저히 깨닫다. 丶 忄 忄 忏 悟 悟 悟	
13 **雾** [霧] 안개 무 wù 우	안개. 雾大 wùdà 안개가 짙다. 喷雾器 pēnwùqì 분무기. (=喷雾机 jī). 一 ⻗ 雪 雾 雾 雾	
9 **误** [誤] 그르칠 오 wù 우	그르치다. 틀리다. 잘못하다. 지체하다. 误点 wùdiǎn 연착하다. 시간을 어기다. =(晚点 wǎndiǎn). 误会 wùhuì 오해(하다). 丶 讠 讠 讠 误 误	

X

6
先
먼저 선
xiān
셴

앞장. 먼저. 우선. 선두. 조상. 선조.
先后　xiānhòu　선후. 앞과 뒤. 먼저와 나중.
先生　xiānshēng　선생. 교사. (=老师lǎoshī). cf.(경성발음·sheng).

丿　亻　匕　生　先

14
鲜
[鮮]
고울 선
xiān
셴

곱다. 깨끗하다. 신선하다. 선명하다.
新鲜　xīnxiān　신선하다. 싱싱하다. 새롭다.
鲜花　xiānhuā　생화.

⺈　⺈　危　鱼　鱼　鱼'　鲜'　鲜

9
险
[險]
험할 험
xiǎn
셴

험하다. 위험(하다). 위태롭다. 보험.
保险　bǎoxiǎn　보험.
危险　wēixiǎn　위험(하다).

了　阝　阝＾　险　险　险

9
显
[顯]
나타날 현
xiǎn
셴

나타내다. 보이다. 명백하다. 뚜렷하다.
明显　míngxiǎn　분명하다. 분명히 드러나다. (=明露mínglù).
显著　xiǎnzhù　현저하다. 뚜렷하다. 두드러지다.

日　旦　显　显

8
现
[現]
나타날 현
xiàn
셴

나타나다. 드러내다. 현재. 지금.
现实　xiànshí　현실.
现在　xiànzài　현재. 이제. 지금. 당장. 바로.

一　T　王　玑　现

X

8 线 [線] 실 선 xiàn 셴

실. 줄. 선. 노선. 경계선.
光线　guāngxiàn　광선. 빛.
路线　lùxiàn　노선.

㇀ ㇀ 纟 线 线 线

9 响 [響] 울릴 향 xiǎng 샹

울리다. 소리. 메아리(치다). 반향(하다).
响声　xiǎngshēng　소리. cf.(경성발음·sheng).
响应　xiǎngyìng　호응(하다). 응답(하다).

口 口' 叩 响

3 乡 [鄉] 시골 향 xiāng 샹

시골. 농촌. 고향.
家乡　jiāxiāng　고향. (=故乡gùxiāng).
乡下　xiāngxià　시골. 지방. 촌. (=乡间jiān). cf.(경성발음·xia).

ㄥ 纟 乡

9 项 [項] 목 항 xiàng 샹

목. 조목. 가지. 조항.
项链　xiàngliàn　목걸이. (=项圈quān).
项目　xiàngmù　항목. 사항. (=项头tóu).

工 工' 项 项

6 协 [協] 화합할 협 xié 셰

화합하다. 합하다. 돕다. 모으다.
协同　xiétóng　협동하다. 협력하다.
协助　xiézhù　협조하다. 돕다. 원조하다.

十 十' 协 协 协

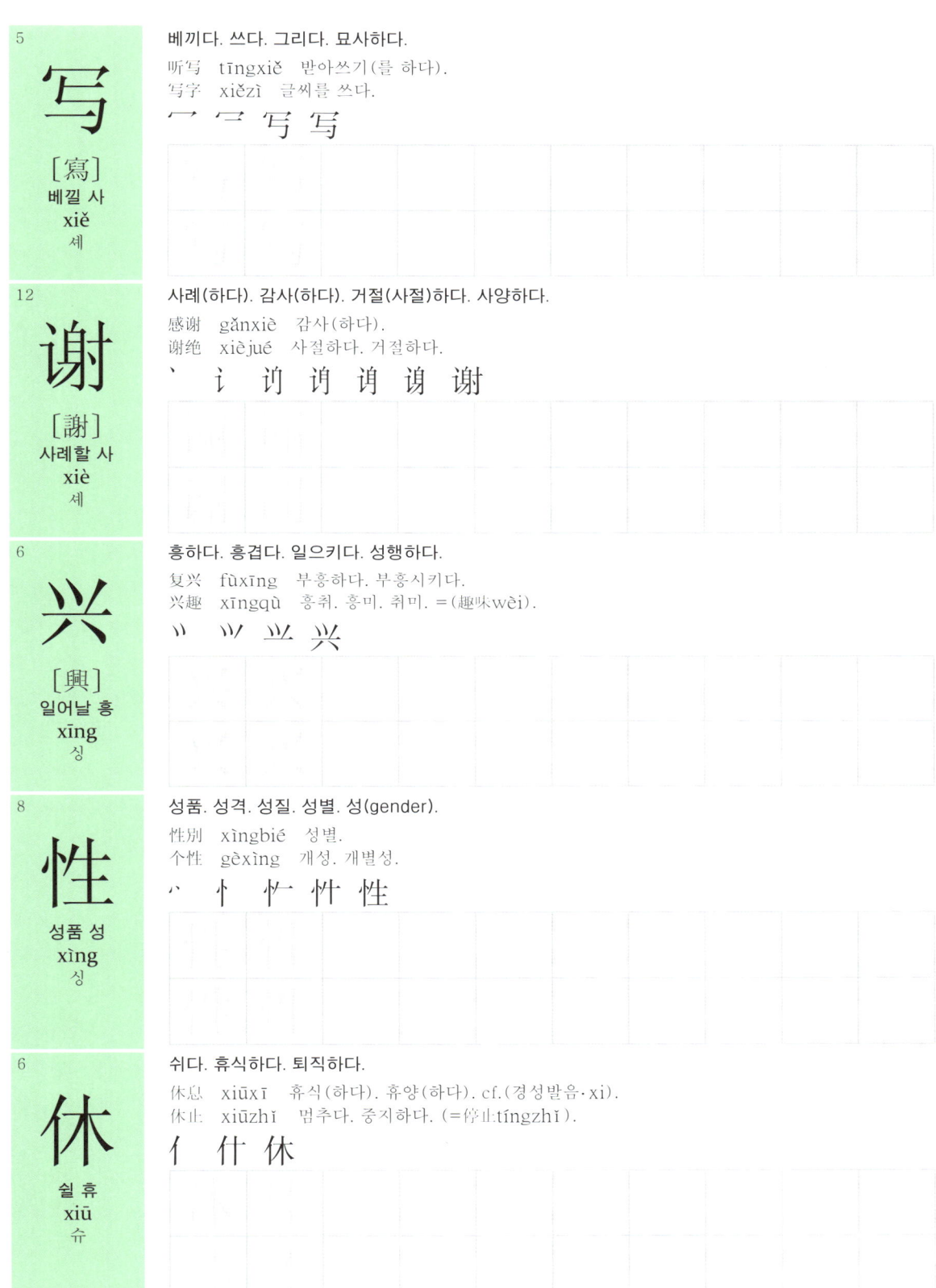

X

修 [닦을 수] xiū 슈

9

수식하다. 고치다. 꾸미다. 수리하다.
修理 xiūlǐ 수리하다. 수선하다. 고치다.
修饰 xiūshì 꾸미다. 단장하다. 장식하다.

亻 亻 伀 修 修

须 [須] 모름지기 수 xū 쉬

9

모름지기. 반드시. 마땅히. 틀림없이.
必须 bìxū 필수. 꼭 ~해야 한다. (=必得bìděi).
须要 xūyào 반드시 ~해야 한다.

彡 纟 须 须

许 [許] 허락할 허 xǔ 쉬

6

허락하다. 칭찬하다. 매우. 승낙하다.
许多 xǔduō 허다하다. 상당하다. 대단하다.
许可 xǔkě 허가(하다). 승낙(하다).

丶 讠 讠 许 许

续 [續] 이을 속 xù 쉬

11

이어지다. 계속하다. 계승하다.
连续 liánxù 연속(되다).
继续 jìxù 계속하다.

乚 乙 纟 纟 纟 纩 纩 纮 续 续

选 [選] 가릴 선 xuǎn 쉬안

9

고르다. 뽑다. 선택하다. 선거하다.
选举 xuǎnjǔ 선거(하다). 선출(하다).
选择 xuǎnzé 선택(하다). 고르다. 셀렉팅(selecting).

丿 生 先 选 选

压 [壓] 누를 압 yā 야
6
누르다. 압도하다. 억압하다. 억누르다.
压倒 yādǎo 압도하다. 우세하다. 능가하다.
压制 yāzhì 제압(하다). 억압(하다). 억제(하다).
一 厂 厅 匡 压

亚 [亞] 버금 아 yà 야
6
버금. 다음가다. 제2의
亚军 yàjūn 제2위. 다음가는. 준우승.
亚洲 Yàzhōu 아시아 주.
丅 亚 亚

烟 [煙] 연기 연 yān 옌
10
연기. 담배. 연초.
抽烟 chōuyān 담배를 피우다. (=吸xī 烟).
香烟 xiāngyān 향불 연기. 궐련.
丶 火 灯 烟 烟

严 [嚴] 엄할 엄 yán 옌
7
엄하다. 엄숙하다. 혹독하다. 엄격하다.
严肃 yánsù 엄숙하다. 근엄하다. 진지하다.
严重 yánzhòng 엄중하다. 심각하다. 중대하다.
丅 亚 亚 严

言 말씀 언 yán 옌
7
말씀. 언어. 말하다. 이야기하다.
发言 fāyán 발언하다.
言论 yánlùn 언론.
亠 言 言

Y

10 验 [驗] 시험할 험 yàn 옌

시험하다. 검사하다. 영험하다.
实验　shíyàn　실험(하다). 실지로 경험하다.
验血　yànxuè　혈액 검사를 하다. 혈액 검사.

フ 马 马 马^ 驴 验 验

6 阳 [陽] 볕 양 yáng 양

볕. 양기. 태양.
阳历　yánglì　양력. 태양력. (=国历 guólì).
太阳　tàiyáng　태양. 해.

ㄅ 阝 阳 阳

9 养 [養] 기를 양 yǎng 양

기르다. 양육하다. 부양하다.
养老　yǎnglǎo　노인을 봉양하다.
养育　yǎngyù　양육(하다).

丷 兰 羊 养

10 样 [樣] 모양 양 yàng 양

모양. 형태. 본보기. 표본. 견본.
榜样　bǎngyàng　본보기. 표본.
样品　yàngpǐn　견본(품).

十 木 木' 栏 样

9 药 [藥] 약 약 yào 야오

약. 약물.
药房　yàofáng　약방. 약국.
药片　yàopiàn　알약. 정제. (=药锭 dìng).

一 艹 艿 芍 劳 药 药

107

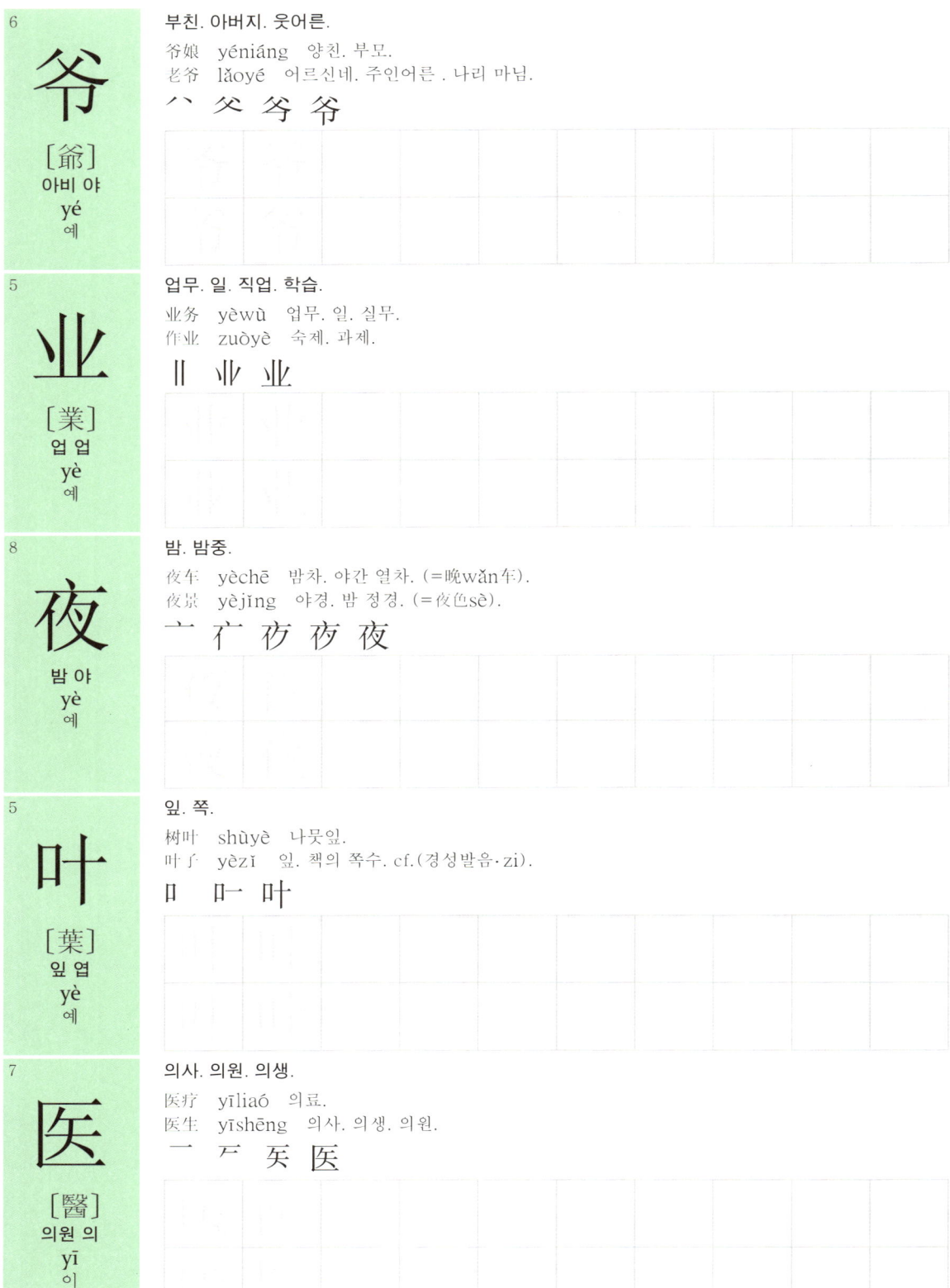

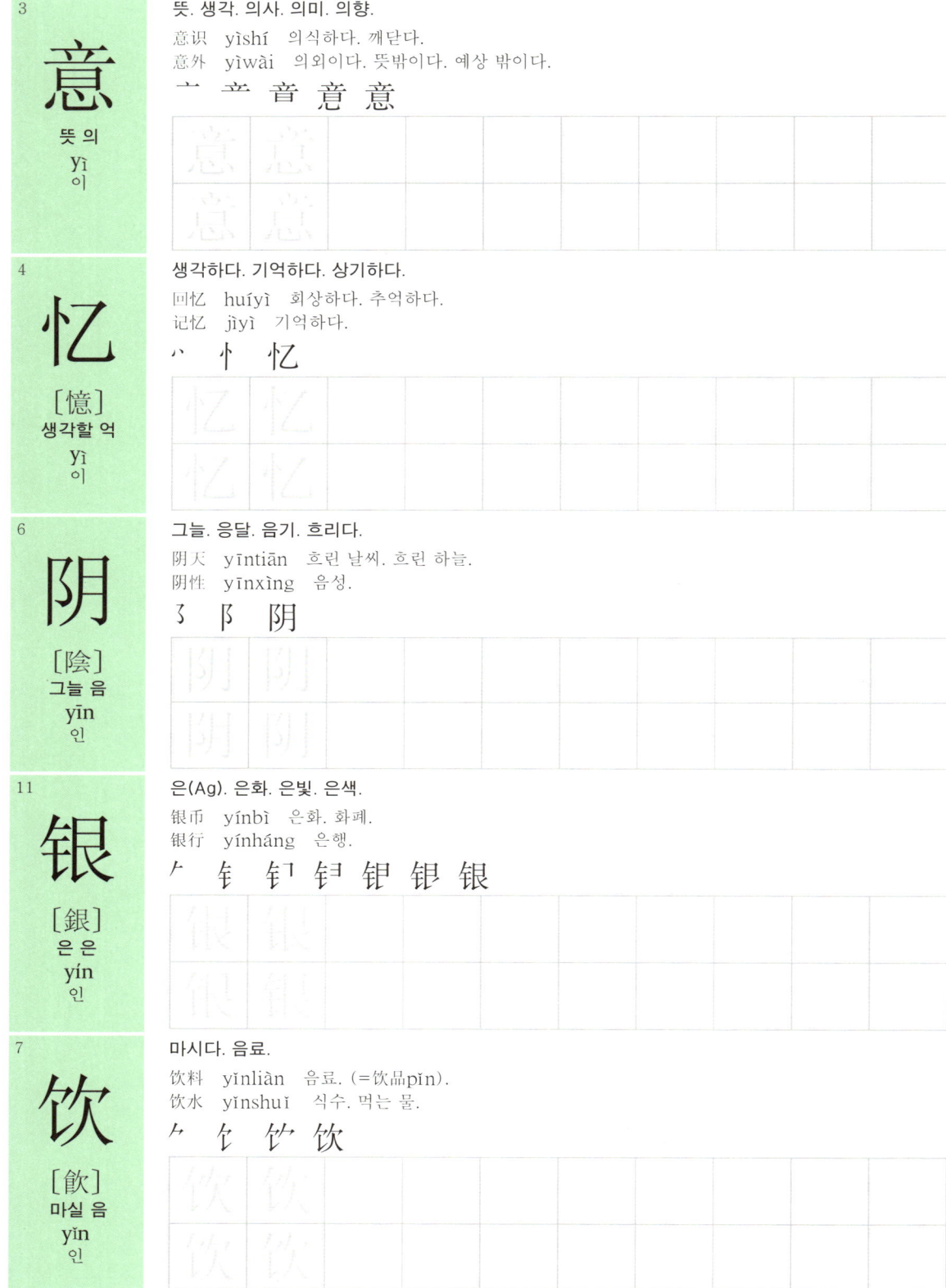

Y

7 迎 [迎] 맞을 영 yíng 잉

맞이하다. 영접하다.
欢迎　huānyíng　환영하다.
迎接　yíngjiē　영접하다. 출영하다. 마중하다.

丿 ㇉ 卬 迎 迎

7 应 [應] 응할 응 yìng 잉

응하다. 대답하다. 받아들이다. 승낙하다.
答应　dāyìng　대답하다. 승낙하다. cf.(경성발음·ying).
应付　yìngfù　대응하다. 대처하다.

丶 广 应 应 应

6 优 [優] 넉넉할 우 yōu 유

넉넉하다. 뛰어나다. 우수하다. 훌륭하다.
优点　yōudiǎn　장점. 우수한 점.
优势　yōushì　우세. 우위.

亻 仁 伊 优 优

5 由 말미암을 유 yóu 유

원인. 사유. 유래. 까닭. ~에서. ~으로부터.
由来　yóulái　원래부터. 전부터. 유래.
理由　lǐyóu　이유. 까닭.

冂 巾 由 由

7 邮 [郵] 우편 우 yóu 유

우편.
邮局　yóujú　우체국. (=邮政zhèng局).
邮票　yóupiào　우표.

冂 巾 由 由 由ß 邮

111

10 预 [預] 미리 예 yù 위

미리. 사전에.
预报 yùbào 예보(하다).
预测 yùcè 예측(하다).

マ ヌ 予 予 矛 预 预

7 员 [員] 인원 원 yuán 위안

인원. 사람. 구성원.
员工 yuángōng 종업원. 직원과 노무자. (=职工zhígōng).
演员 yǎnyuán 배우. 연예인. 연기자.

口 吊 员

7 园 [園] 동산 원 yuán 위안

동산. 전원. 밭. 공공 장소.
公园 gōngyuán 공원.
果园 guǒyuán 과수원. 과원. (=果树木guǒshùmù园).

冂 月 沅 园 园

7 远 [遠] 멀 원 yuǎn 위안

멀다. 오래다. 심원하다.
远大 yuǎndà 원대하다.
远古 yuǎngǔ 먼 옛날. 아득한 옛날. (=太古tàigǔ).

二 元 元 沅 远

14 愿 [願] 원할 원 yuàn 위안

원하다. 바라다. 희망하다.
愿望 yuànwàng 원하고 바람. 원망. 희망.
心愿 xīnyuàn 소원. 심원. 염원.

厂 厉 原 原 原 愿 愿

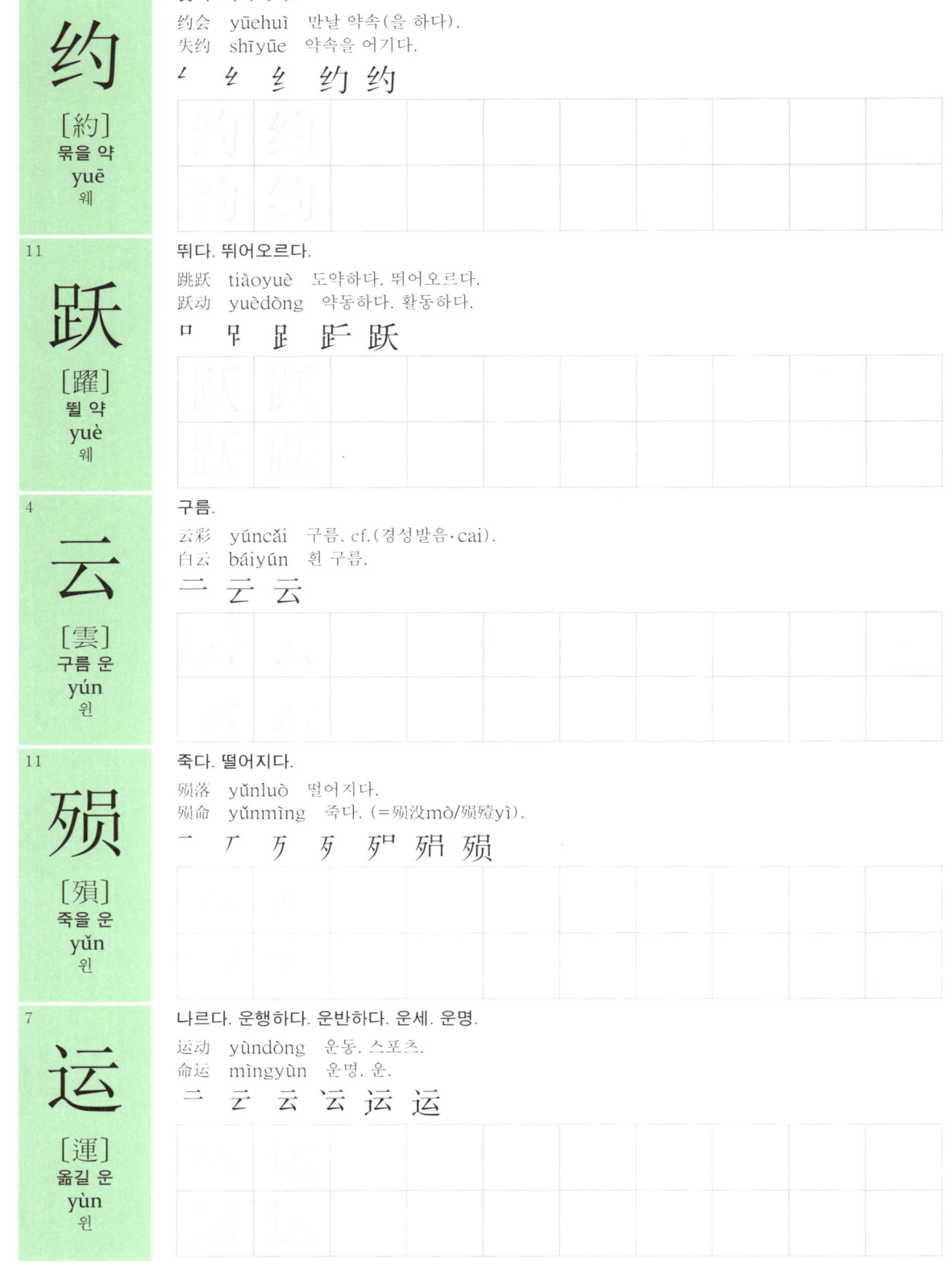

Z

6 杂 [雜] 섞일 잡 zá 짜

섞(이)다. 뒤섞(이)다. 잡다하다.
复杂　fùzá　복잡하다.
杂念　zániàn　잡념.

乁 九 杂 杂 杂

16 赞 [贊] 도울 찬 zàn 짠

돕다. 협력하다. 찬성하다.
赞成　zànchéng　찬성(하다). 찬동(하다).
赞扬　zànyáng　찬양하다. 상찬(賞贊).

亠 丷 丼 先 兟 赞 赞

6 早 일찍 조 zǎo 짜오

일찍이. 새벽. 아침.
早饭　zǎofàn　아침밥. 조반
早已　zǎoyǐ　이미. 벌써부터. 훨씬 전에.

日 旦 早

6 则 [則] 법 칙 zé 쩌

법. 법칙. 규범. 규칙.
学则　xuézé　학칙.
规则　guīzé　규칙.

冂 贝 则

8 责 [責] 꾸짖을 책 zé 쩌

꾸짖다. 책임. 따지다. 책망하다.
责任　zérèn　책임.
责怪　zéguài　원망하다. 책망하다. 나무라다.

一 十 責 青 责

Z

战 9 [戰] 싸울 전 zhàn 잔

싸우다. 싸움. 전쟁. 전투.
战胜 zhànshèng 싸워 이기다. 승리를 거두다.
战争 zhànzhēng 전쟁하다.

丨 卜 占 占 战 战 战

张 7 [張] 펼 장 zhāng 장

펴다. 열다. 확대하다. 과장하다.
扩张 kuòzhāng 확장(하다). 확대(하다).
夸张 kuāzhāng 과장하다.

一 ㄱ 弓 弓' 弓" 张 张

着 11 붙을 착 zháo 자오

붙다. 닿다. 이르다. 켜지다.
着火 zháohuǒ 불이 나다.
着凉 zháoliáng 감기에 걸리다.

丷 䒑 䒑 美 着 着 着

这 7 [這] 이 저 zhè 저

이. 이것. 이렇게.
这事 zhèshì 이 일.
这样 zhèyàng 이렇게. 이래서. 이렇다.

亠 文 文 汶 这

真 10 [眞] 참 진 zhēn 전

참되다. 사실이다.
真品 zhēnpǐn 진품.
真实 zhēnshí 진실하다.

一 十 古 直 直 真

Z

7 针 [針] 바늘 침 zhēn 전

바늘. 침.
打针 dǎzhēn 주사를 놓다.
针对 zhēnduì 대하다. 견주다. 맞추다.

丿 亠 钅 针

16 整 가지런할 정 zhěng 정

가지런하다. 단정하다. 정돈하다. 정리하다.
整理 zhěnglǐ 정리(하다). 정돈(하다).
整容 zhěngróng 정용하다. 단장하다.

丆 申 束 敕 敕 敕 整 整 整

7 证 [證] 증명할 증 zhèng 정

증명하다. 증거. 증서
证明 zhèngmíng 증명(하다).
证书 zhèngshū 증서. 증명서.

丶 讠 讠 订 订 证 证

8 织 [織] 짤 직 zhī 즈

짜다. 방직하다. 엮다.
纺织 fǎngzhī 방직하다.
编织 biānzhī 짜다. 편직하다.

丿 纟 纟 纪 织 织

11 职 [職] 직분 직 zhí 즈

직분. 직무. 직책.
职业 zhíyè 직업.
职员 zhíyuán 직원. 사무원.

一 厂 王 耳 职 职

Z

直 [直] 곧을 직 zhí 즈 (8)

곧다. 바르다. 곧게 펴다. 곧바로. 직접.
直接　zhíjiē　직접. 직접적.
直达　zhídá　직통하다. 직행하다.

一 ナ 市 甫 直

值 [値] 값 치 zhí 즈 (10)

값. 가격. 가치. ~를 만나다.
价值　jiàzhí　가치. 값어치.
正值　zhèngzhí　마침 ~인 때를 만나다. (=正适 zhèngshì).

亻 亻 佔 值 值

执 [執] 잡을 집 zhí 즈 (6)

잡다. 쥐다. 들다. 맡다. 시행하다.
执行　zhíxíng　집행하다. 실시하다.
执掌　zhízhǎng　장악하다. 관장하다.

十 才 扒 执 执

纸 [紙] 종이 지 zhǐ 즈 (7)

종이.
信纸　xìnzhǐ　편지지.
纸币　zhǐbì　지폐. 종이돈.

ㄥ ㄠ 纟 红 红 纤 纸

质 [質] 바탕 질 zhì 즈 (8)

바탕. 근본. 본질. 품질.
性质　xìngzhì　성질. 성격. 천성.
质量　zhìliàng　질량. 품질.

一 厂 厈 厮 质

指 손발가락 지 zhǐ 즈

손가락.
食指 shízhǐ 집게손가락. 식지.
指示 zhǐshì 지시(하다).

扌 扌 扩 扩 指

志 뜻 지 zhì 즈

뜻. 의지.
得志 dézhì 뜻을 얻다. 바람이 실현되다.
志向 zhìxiàng 지향. 포부.

十 士 志 志 志

止 그칠 지 zhǐ 즈

멈추다. 정지하다. 저지하다.
禁止 jìnzhǐ 금지(하다).
止痛 zhǐtòng 통증을 멈추게 하다.

丨 十 止 止

至 이를 지 zhì 즈

이르다. ~에 도달하다.
至今 zhìjīn 지금에 이르다. 지금까지.
至上 zhìshàng 최고이다. 가장 높다.

一 云 云 至

知 알 지 zhī 즈

알다. 이해하다. 깨닫다.
故知 gùzhī 옛 친구. 고우. (=故交 jiāo).
知己 zhījǐ 지기. 절친한 친구. 서로 친근하다.

丿 ᅩ ᅩ 矢 知

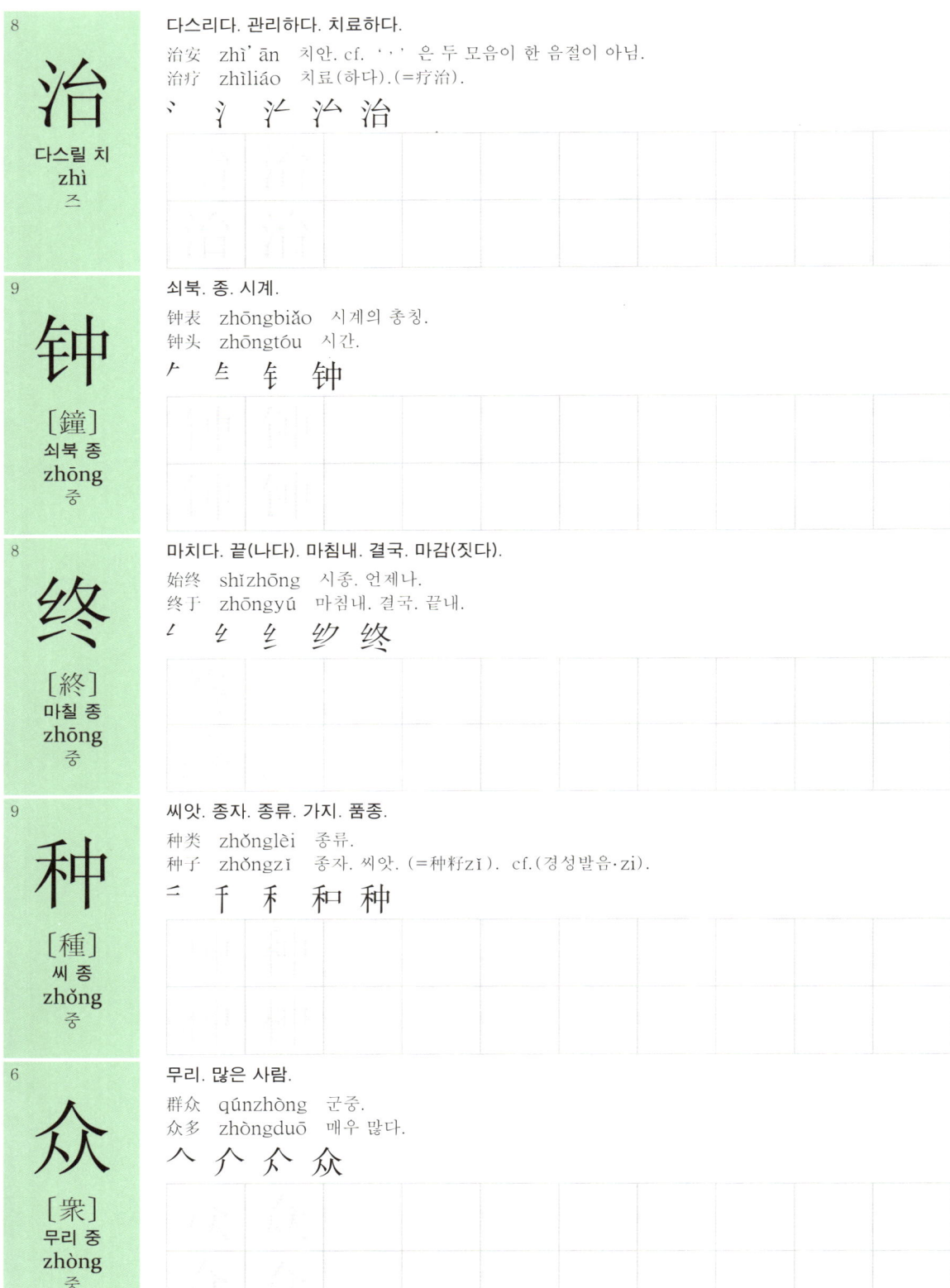

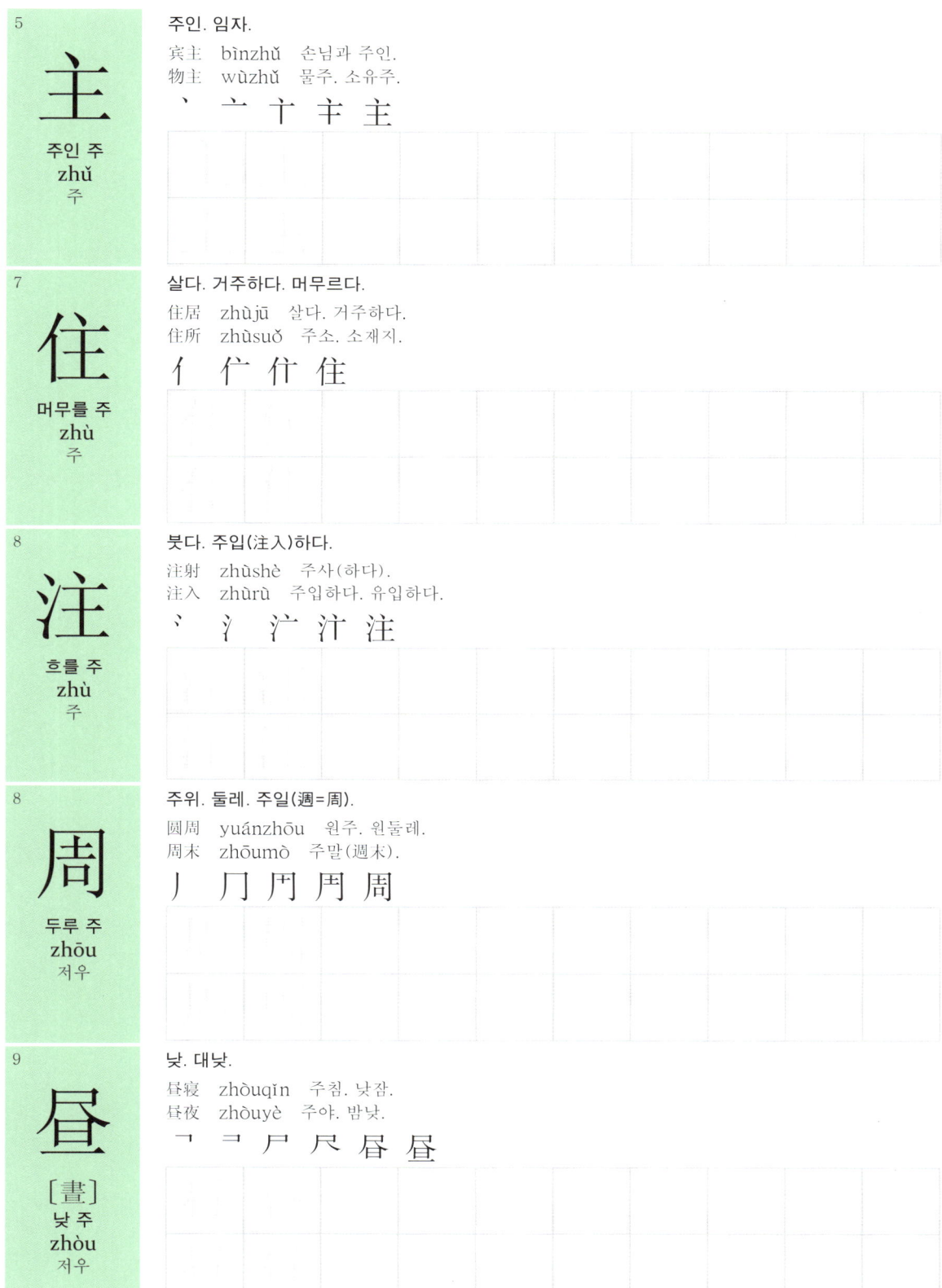

Z

11 著 나타날 저 zhù 주

나타나다. 드러나다. 현저하다. 분명하다.
著名　zhùmíng　저명하다. 유명하다.
显著　xiǎnzhù　현저하다. 뚜렷하다.

一 土 扩 扩 若 著

4 专 [專] 오로지 전 zhuān 중

오로지. 전문적으로. 몰두하다.
专心　zhuānxīn　열중하다. 전념하다. 몰두하다.
专门　zhuānmén　전문. 전문적으로.

一 专 专

8 转 [轉] 구를 전 zhuàn·zhuǎn 좐

구르다. 돌다. 송달하다. 회전하다.
转播　zhuǎnbō　중계방송(하다).
转盘　zhuànpán　회전 테이블. 턴테이블(turn table).

一 ナ 车 轩 转 转

12 装 [裝] 꾸밀 장 zhuāng 좡

꾸미다. 치장하다. 시설하다. 분장하다.
包装　bāozhuāng　포장(하다). 장식. 치장.
装置　zhuāngzhì　장치하다. 설치하다. 셋업(setup).

丨 丬 壮 壮 装 装 装

7 状 [狀] 모양 상 zhuàng 좡

모양. 상태. 모습. 형세
形状　xíngzhuàng　형상. 모양.
状况　zhuàngkuàng　상황. 상태. 형편.

丨 丬 状 状

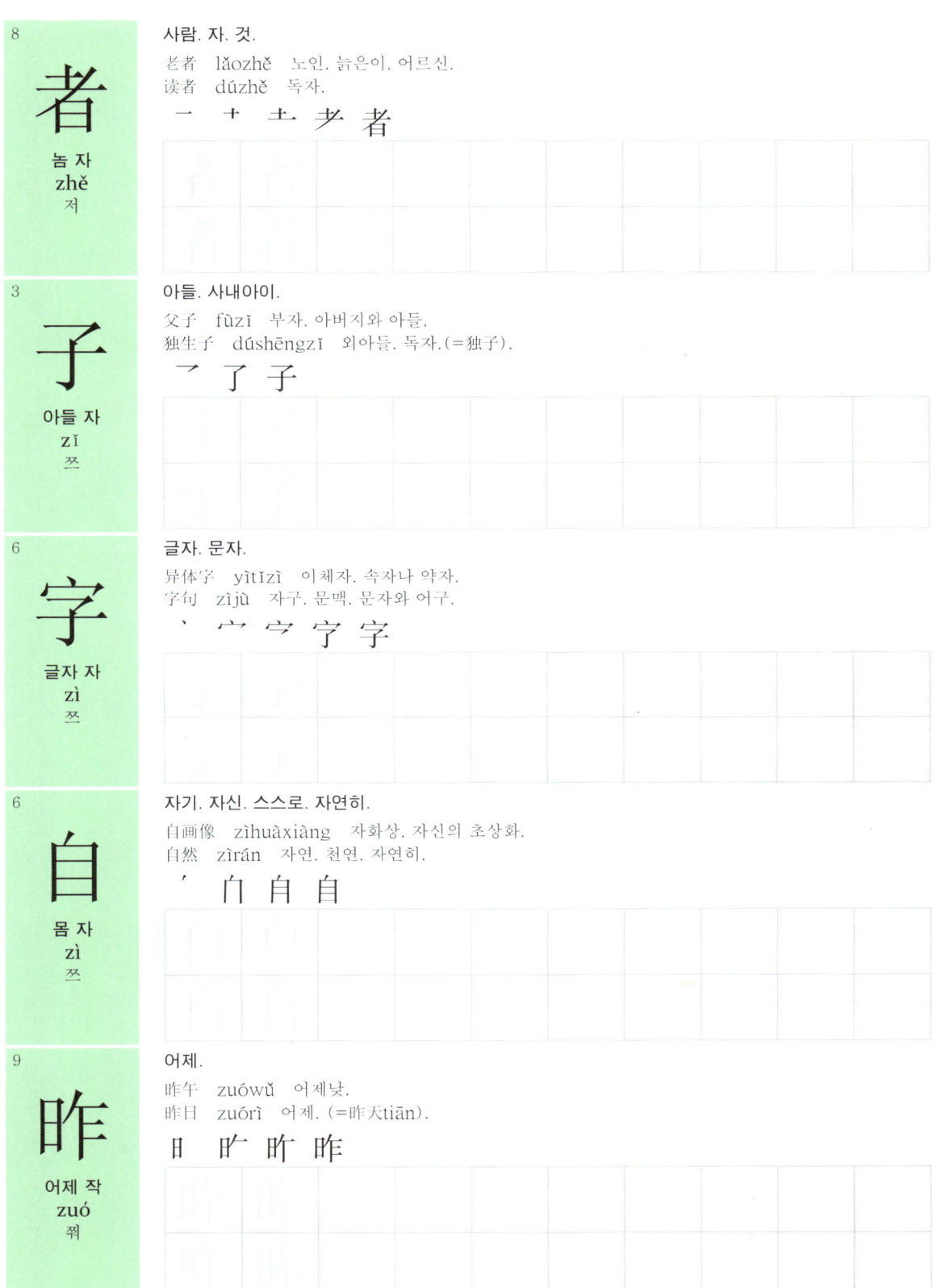

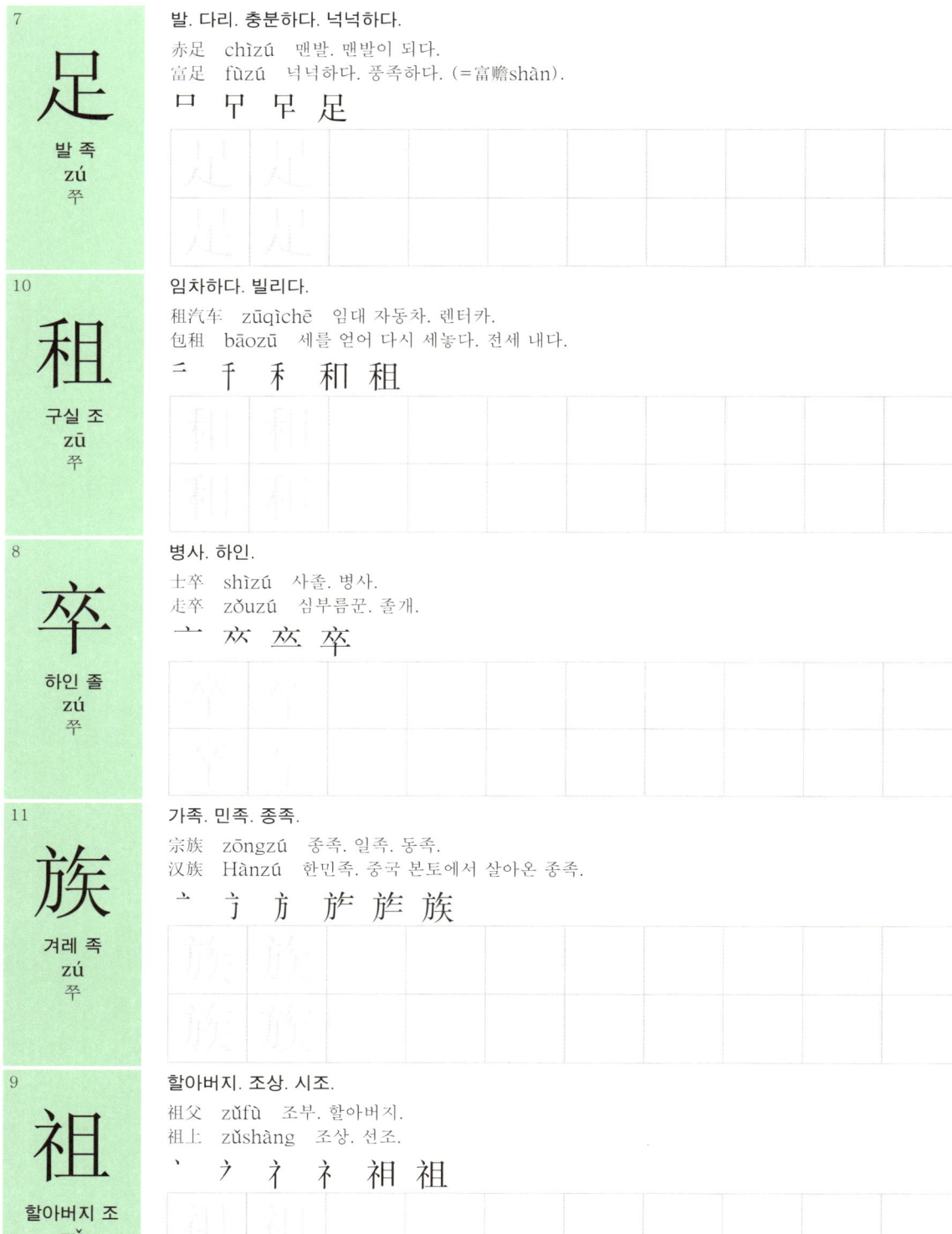

足 발 족 zú 쭈

발. 다리. 충분하다. 넉넉하다.
赤足 chìzú 맨발. 맨발이 되다.
富足 fùzú 넉넉하다. 풍족하다. (=富赡shàn).

租 구실 조 zū 쭈

임차하다. 빌리다.
租汽车 zūqìchē 임대 자동차. 렌터카.
包租 bāozū 세를 얻어 다시 세놓다. 전세 내다.

卒 하인 졸 zú 쭈

병사. 하인.
士卒 shìzú 사졸. 병사.
走卒 zǒuzú 심부름꾼. 졸개.

族 겨레 족 zú 쭈

가족. 민족. 종족.
宗族 zōngzú 종족. 일족. 동족.
汉族 Hànzú 한민족. 중국 본토에서 살아온 종족.

祖 할아버지 조 zǔ 쭈

할아버지. 조상. 시조.
祖父 zǔfù 조부. 할아버지.
祖上 zǔshàng 조상. 선조.

Z

10 准 [準] 법도 준 zhǔn 준
법도. 표준. 기준. 허가하다.
准许 zhǔnxǔ 허락(하다). 허가(하다).
标准 biāozhǔn 표준. 기준.

丶 冫 冫 冫 准 准

10 资 [資] 재물 자 zī 쯔
재물. 재화. 자본.
物资 wùzī 물자.
资本 zīběn 자본. 밑천.

丶 冫 次 咨 资

9 总 [總] 거느릴 총 zǒng 쭝
거느리다. 총괄하다. 모아서 묶다. 늘.
总合 zǒnghé 총합하다. 종합하다.
总是 zǒngshì 반드시. 꼭. 언제나. 늘.

丷 䒑 台 总 总

8 组 [組] 짤 조 zǔ 쭈
짜다. 구성하다. 조직하다.
组成 zǔchéng 구성하다. 결성하다.
组织 zǔzhī 조직(하다). 구성(하다).

乚 乡 纟 织 组

15 遵 [遵] 좇을 준 zūn 쭌
좇다. 따르다. 지키다.
遵纪 zūnjì 규율을 준수하다.
遵守 zūnshǒu 준수하다. 지키다.

丷 芦 酋 酋 尊 尊 遵 遵

125

◆ 요일 · 월별 · 계절 · 숫자 ◆

◉ **요일**(曜日 yào rì 야오르)

日曜日	(rì yào rì	르야오르)
月曜日	(yuè yào rì	웨야오르)
火曜日	(huǒ yào rì	훠야오르)
水曜日	(shuǐ yào rì	수이야오르)
木曜日	(mù yào rì	무야오르)
金曜日	(jīn yào rì	진야오르)
土曜日	(tǔ yào rì	투야오르)

◉ **월별**(月別 yuè bié 웨베)

一月	(yī yuè	이웨)	七月	(qī yuè	치웨)
二月	(èr yuè	얼웨)	八月	(bā yuè	바웨)
三月	(sān yuè	싼웨)	九月	(jiǔ yuè	주웨)
四月	(sì yuè	쓰웨)	十月	(shí yuè	스웨)
五月	(wǔ yuè	우웨)	十一月	(shí yī yuè	스이웨)
六月	(liù yuè	류웨)	十二月	(shí èr yuè	스얼웨)

◉ **계절**(季节 jì jié 지제)

봄	(春 chūn	춘)	가을	(秋 qiū	추)
여름	(夏 xià	샤)	겨울	(冬 dōng	둥)

⊙ 숫자(数字 shù zì 수쯔)

一	[yī	이]		八十	[bā shí	바스]
二	[èr	얼]		九十	[jiǔ shí	주스]
三	[sān	싼]		百	[bǎi	바이]
四	[sì	쓰]		二百	[èr bǎi	얼바이]
五	[wǔ	우]		三百	[sān bǎi	싼바이]
六	[liù	류]		四百	[sì bǎi	쓰바이]
七	[qī	치]		五百	[wǔ bǎi	우바이]
八	[bā	바]		六百	[liù bǎi	류바이]
九	[jiǔ	주]		七百	[qī bǎi	치바이]
十	[shí	스]		八百	[bā bǎi	바바이]
十一	[shí yī	스이]		九百	[jiǔ bǎi	주바이]
十二	[shí'èr	스얼]		千	[qiān	첸]
十三	[shí sān	스싼]		二千	[èr qiān	얼첸]
十四	[shí sì	스쓰]		三千	[sān qiān	싼첸]
十五	[shí wǔ	스우]		四千	[sì qiān	쓰첸]
十六	[shí liù	스류]		五千	[wǔ qiān	우첸]
十七	[shí qī	스치]		六千	[liù qiān	류첸]
十八	[shí bā	스바]		七千	[qī qiān	치첸]
十九	[shí jiǔ	스주]		八千	[bā qiān	바첸]
二十	[èr shí	얼스]		九千	[jiǔ qiān	주첸]
二十一	[èr shí yī	얼스이]		万	[wàn	완]
三十	[sān shí	싼스]		十万	[shí wàn	스완]
四十	[sì shí	쓰스]		百万	[bǎi wàn	바이완]
五十	[wǔ shí	우스]		千万	[qiān wàn	첸완]
六十	[liù shí	류스]		億	[亿, yì	이]
七十	[qī shí	치스]		兆	[zhào 자오/	억의 만 배]

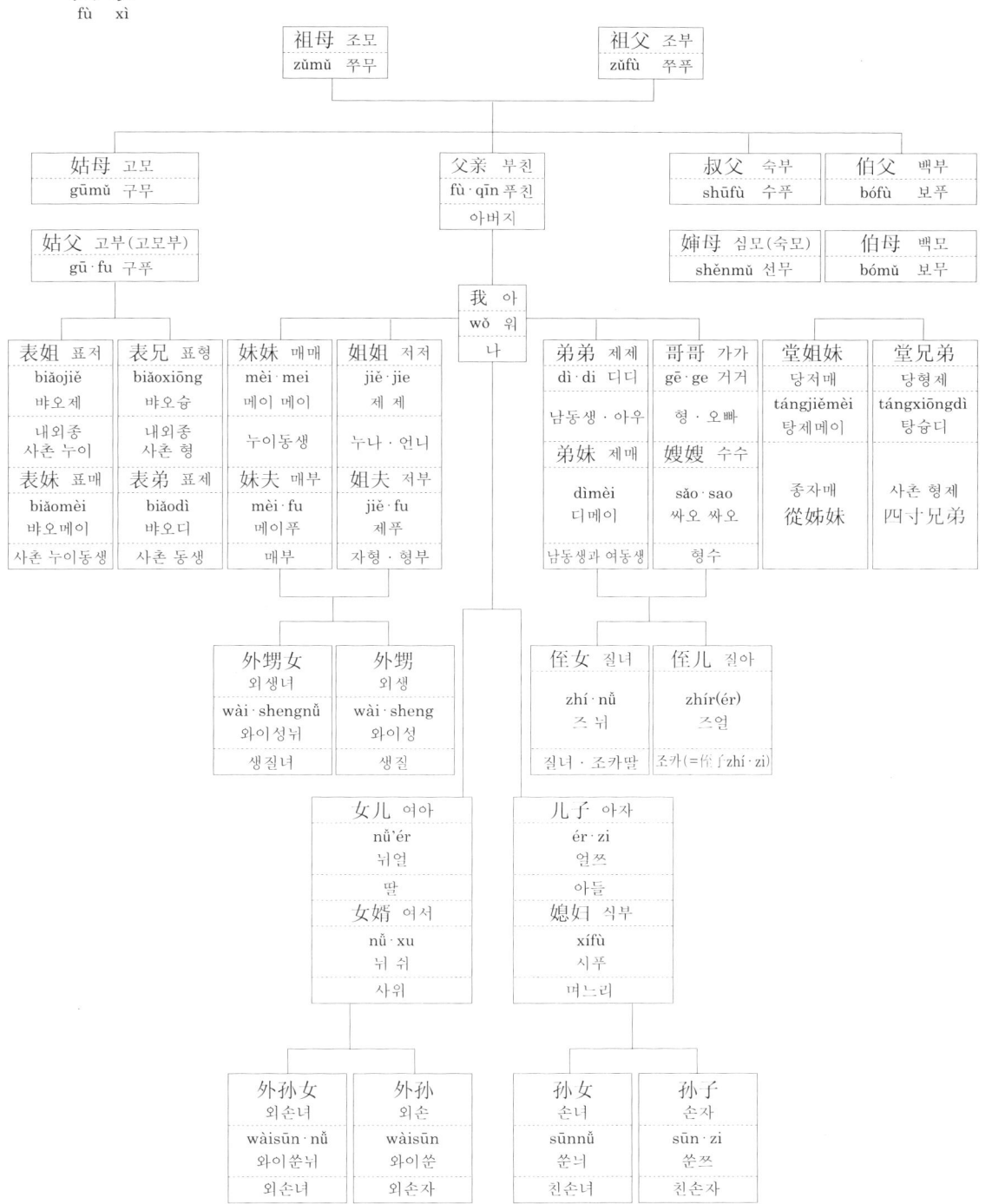

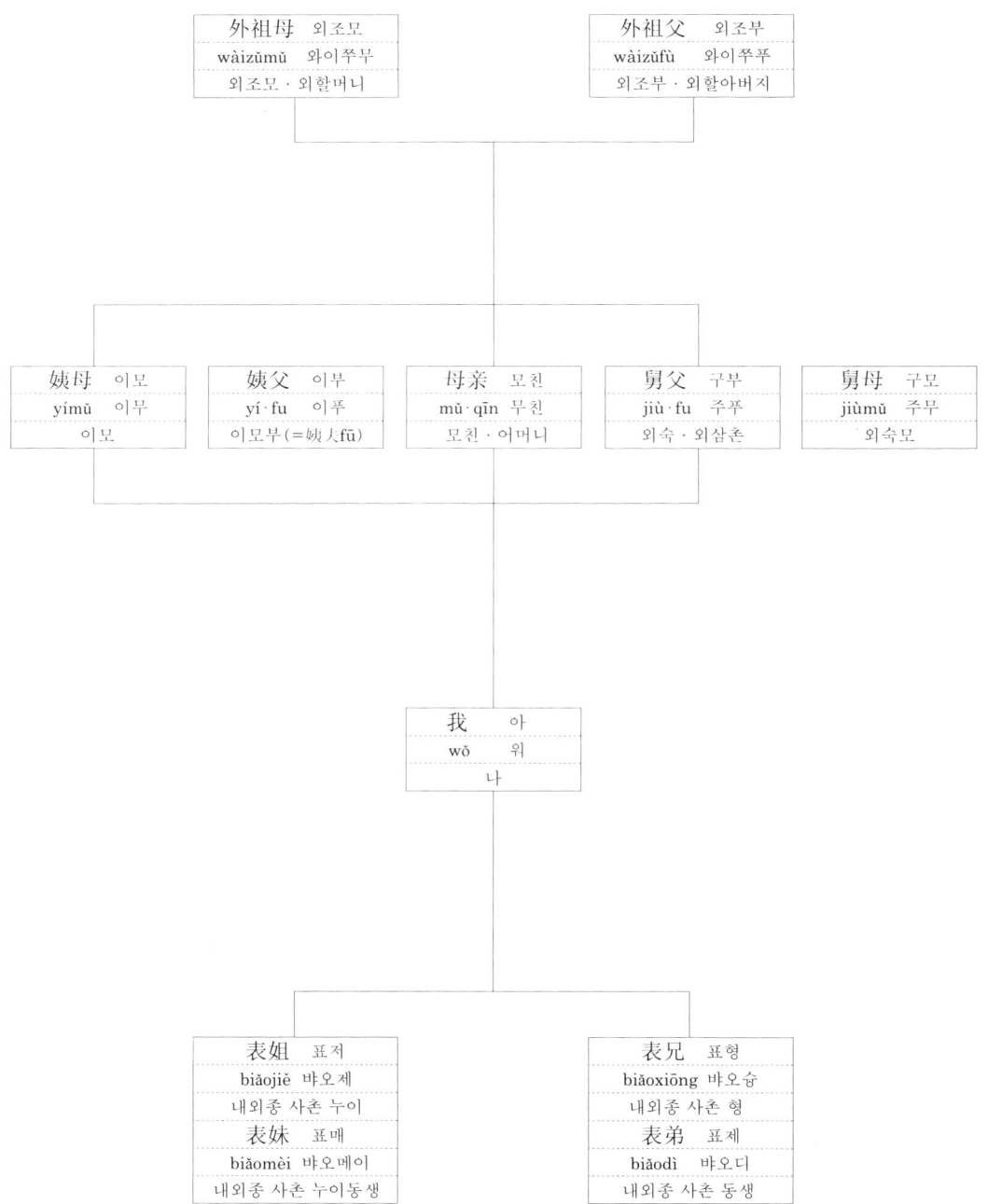

중국어 간체자

가나다순

찾아보기

가		见	52	观	39	归	40	**녀**		大	23
价	50	**결**		关	39	贵	41	女	72	待	23
佳	51	结	54	惯	40	鬼	41	**노**		贷	23
加	51	**경**		馆	40	**규**		奴	72	对	28
家	51	京	55	宽	60	规	40	怒	72	台	92
架	51	经	55	**광**		**균**		**논**		**도**	
街	51	惊	56	广	40	均	57	论	66	倒	24
각		轻	76	狂	60	菌	58	**농**		导	24
各	37	庆	78	**괴**		**극**		农	72	道	25
觉	57	**계**		坏	44	极	48	**뇌**		度	27
간		鸡	48	块	59	**근**		脑	71	都	27
干	36	继	49	**교**		仅	54	**뇨**		图	94
间	52	计	49	较	53	近	55	闹	71	**독**	
简	52	季	50	桥	76	**급**		**녀**		读	27
감		阶	53	**구**		给	37	女	72	独	28
感	36	系	100	构	39	级	49	**다**		**돈**	
甘	36	**고**		丘	77	**기**		多	29	顿	29
监	52	告	38	求	77	基	47	**단**		**동**	
강		固	38	球	77	奇	47	单	22	东	26
刚	37	姑	38	衢	77	技	47	丹	23	动	27
钢	37	故	38	驱	77	纪	47	断	28	**두**	
讲	53	高	38	区	78	记	47	段	28	头	94
强	75	顾	39	**국**		机	48	坛	92	**둔**	
개		**공**		国	41	几	49	团	95	钝	28
盖	36	供	35	局	56	期	74	**달**		**등**	
个	37	公	35	**군**		气	74	达	22	灯	25
介	54	共	35	军	57	骑	74	**담**		**라**	
开	59	功	35	君	58	**긴**		担	22	罗	66
거		工	35	郡	58	紧	54	胆	22	**락**	
举	56	**과**		群	79	**나**		谈	92	乐	61
据	57	果	41	**궁**		拿	71	**당**		落	66
검		过	41	穷	78	**난**		当	24	**란**	
检	50	科	59	**권**		难	71	党	24	乱	65
격		课	59	劝	78	暖	72	**대**		**람**	
击	48	**관**		权	79	**남**		带	22	蓝	61
坚	52	官	39	**귀**		男	71	代	23	**략**	

略	66	邻	64	无	98	并	15	使	89	세	
	래		림	舞	98	보		士	89	势	85
来	61	临	64	雾	99	报	11	寺	89	岁	90
	량		마		문	宝	11	死	89	细	100
量	63	妈	67	门	68	步	15	写	103		소
两	64	马	67	们	69	补	15	谢	103	扫	81
粮	64		만	问	97	普	73		산	烧	82
	력	满	68	闻	97		복	产	17	苏	88
历	62	晚	96		물	腹	34	散	81	诉	88
	련	万	96	物	98		부	算	90	所	91
练	63		망	勿	99	部	15		살		속
连	63	网	96		민	付	33	杀	81	属	86
联	63		멸	民	69	父	33		상	速	90
恋	64	灭	69		번	负	33	常	17	续	104
	령		매	烦	31	副	34	伤	81		손
领	65	买	67		반	如	34	状	122	孙	91
	례	卖	67	饭	31	富	34		새	损	91
礼	62	骂	67		발	赋	34	赛	81		수
	려	迈	68	发	31		북		색	受	86
励	63		명		방	北	11	索	91	输	86
	로	名	69	帮	10		분		서	数	87
劳	61	明	70	访	31	分	32	书	86	树	87
	록		모		배		비		석	睡	87
录	65	毛	68	倍	12	备	11	石	84	随	90
	루	幕	70	杯	12	费	32		선	虽	90
楼	65	模	70	背	12	飞	32	先	101	修	104
	류		목		백		빙	鲜	101	须	104
类	61	目	70	白	12	凭	73	线	102		순
流	65		묘	百	12		사	选	104	顺	88
	륜	墓	70		범	词	20		설	循	105
轮	66		몽	凡	31	社	82	设	82	殉	105
	리	梦	69		변	师	84	说	88		술
理	62		무	边	14	事	85		성	术	87
里	62	贸	68	变	14	史	85	城	18		습
离	62	务	98		병	丝	88	声	82	习	100
	린	武	98	兵	14	似	89	性	103		승

胜	82	**야**		**예**		阴	110	财	16	措	21
시		夜	108	艺	109	饮	110	**저**		调	93
时	84	爷	108	预	113	**응**		这	116	早	115
视	85	**약**		**오**		应	111	著	122	祖	124
试	85	药	107	午	99	**이**		**적**		租	124
식		约	114	悟	99	而	30	敌	25	组	125
识	84	跃	114	误	99	以	109	积	48	**족**	
신		**양**		**완**		异	109	适	86	族	124
伸	83	让	80	顽	96	**인**		**전**		足	124
慎	83	阳	107	**우**		忍	80	传	19	**존**	
神	83	样	107	优	111	认	80	电	26	存	21
身	83	养	107	邮	111	**의**		钱	75	**졸**	
绅	83	**어**		**운**		医	108	战	116	卒	124
실		语	112	云	114	义	109	专	122	**종**	
实	84	鱼	112	运	114	议	109	转	122	从	20
심		**억**		殒	114	意	110	**절**		种	120
寻	105	忆	110	**원**		**자**		节	54	终	120
쌍		**언**		员	113	子	123	绝	57	钟	120
双	87	言	106	园	113	字	123	**점**		**좌**	
아		**엄**		远	113	白	123	点	25	佐	126
儿	30	严	106	愿	113	者	123	渐	53	左	126
饿	30	**업**		**위**		资	125	**정**		坐	126
亚	106	业	108	围	96	**작**		定	26	**주**	
악		**여**		位	97	昨	123	订	26	主	121
恶	30	与	112	伟	97	作	126	顶	26	住	121
안		**연**		卫	97	**잡**		静	56	周	121
安	9	铅	74	**유**		杂	115	整	117	注	121
案	9	软	80	由	111	**장**		**제**		昼	121
암		烟	106	诱	112	长	17	除	19	**준**	
暗	9	**열**		**육**		场	17	帝	25	骏	58
압		热	80	育	112	将	53	济	50	峻	58
压	106	**엽**		**은**		张	116	际	50	遵	125
애		叶	108	恩	30	装	122	齐	74	准	125
爱	9	**영**		银	110	**재**		题	93	**중**	
暖	9	迎	111	**음**		材	16	**조**		众	120

134

증		창		虫	18	吐	94	한		확	
证	117	厂	17	취		投	94	汉	42	扩	60
지		创	19	取	79	파		韩	42	确	79
纸	118	抢	75	趣	79	把	10	향		환	
指	119	책		측		罢	10	项	102	环	44
志	119	责	115	测	16	摆	10	해		欢	45
知	119	처		층		派	73	该	36	활	
止	119	处	19	层	16	破	73	孩	42	活	46
全	119	천		치		판		海	42	황	
직		浅	75	值	118	办	10	향		况	60
织	117	泉	78	治	120	패		乡	102	회	
职	117	첨		칙		贝	13	响	102	回	45
直	118	签	75	则	115	废	32	허		会	45
진		청		친		편		许	104	획	
陈	18	清	76	亲	76	编	14	험		划	43
进	55	请	76	쾌		평		险	101	获	45
尽	55	厅	93	快	59	评	73	验	107	후	
真	116	听	93	타		폐		현		候	43
질		철		嚏	29	币	13	现	101	后	43
质	118	铁	93	惰	29	闭	13	显	101	훈	
집		촉		妥	95	포		협		训	105
集	49	触	19	탄		饱	11	协	102	휴	
执	118	촌		弹	24	捕	15	호		亏	60
차		寸	21	탈		표		号	42	休	103
车	18	村	21	夺	29	标	14	护	43	홍	
次	20	총		脱	95	풍		혹		红	43
此	20	聪	20	태		丰	32	或	46	흥	
착		总	125	态	92	风	33	화		兴	103
错	21	추		퇴		필		华	44	희	
着	116	推	95	退	95	笔	13	画	44	希	100
찬		축		통		毕	13	话	44	戏	100
赞	115	缩	91	统	94	학		火	46	휘	
참		충		토		学	105	祸	46	挥	45
参	16	冲	18	讨	92			货	46		

135